リセットする力

Nature and mind become stronger POWER TO RESET

「自然と心が強くなる」考え方46

酒井宏樹

Hiroki Sakai

はじめに

僕は18歳のときにJリーグの柏レイソルでプロサッカー選手になって以来、プロキャリアは２０１８年で10年目を迎えました。

２０１１年にはJリーグ優勝とJリーグベストヤングプレーヤー賞受賞を経験し、そんな柏レイソルでのプレーが評価されて、22歳のときにドイツ・ブンデスリーガのハノーファー96へ移籍しました。そして２０１６年の夏からはフランスリーグで優勝9回を誇る名門、オリンピック・マルセイユでプレーしています。また、日本代表でも、今回のロシア・ワールドカップ出場に向けたアジア最終予選で全10試合中9試合に出場しました。

このキャリアだけを見ると、順風満帆《まんぱん》なサッカー人生を送っているように思われるかもしれません。でも僕には**致命的な弱点**があったのです。

それは**「自信のなさ」**と**「メンタルの弱さ」**です。

おそらく多くの人が抱くサッカー選手のイメージは、何事にも動じない屈強なメンタルを持ち、目立ちたがり屋で、試合では「俺が得点を決めて勝ってやる」と自信みなぎる強い人間だと思います。

だとすれば、僕はサッカー選手向きの性格ではありません。

自分にあまり自信が持てず、恥ずかしがり屋で人見知り、しかも優柔不断。自分の意見や要求を相手に伝えたくても、いろいろなことに気を遣ってしまい、素直に感情表現できず、何かを伝えるにしてもつい遠回りをしてしまいます。


僕は小学6年生のときに、地元のJリーグのクラブ、柏レイソルの下部組織である「柏レイソルアカデミー」のセレクション（入団テスト）に合格し、中学1年から憧れの黄色いユニフォームを着ることになりました。

しかし、チームメートはみんなセレクションを潜り抜けてきた実力者。

「プロ予備軍」と呼ばれるエリート集団のなかに入ることで、自分の実力のなさと才能のなさを中学1年にして痛感しました。小学生時代の柏マイティーFCではあれだけ楽しくサッカーをやっていたのに、中学生以降はつらいことも多く「サッカーをやめよう」と何度も思いました。

プロサッカー選手になったあとも、柏レイソルの監督、コーチ、先輩方から「酒井は心が弱いのが一番の課題だ」と指摘を受けることがありました。

正直、ヨーロッパでプレーするいまでも不安になるときがあります。ですが、プロになって以来のこの10年間はプレッシャーや日々のストレスと向き合い、僕なりに第一線で生き残る術《すべ》を見つけてきたつもりです。

それが、本書のタイトルでもある**「リセットする力」**です。わかりやすく言えば、心や思考の「切り替え」をうまくする方法になります。ちょっとしたコツさえつかめば、**「くらべない」「気にしない」「引きずらない」**を実践できるようになり、**自然と心が強くなっていく**はずです。

サッカー選手だけではなく、一般社会においてもメンタルは様々なことに影響を与えると思います。自分に自信が持てない、嫌なことがあるとなかなか気持ちを切り替えられない、常に何か不安や悩みを抱えている、他人に振り回されてつらい……。そういったことで日々ストレスを感じている人は多いのではないでしょうか。

本書は**気弱な僕がサッカーを通じて、どうやって「メンタルの弱さ」や「自信のなさ」を克服していったのか**、その思考のプロセスや技術をまとめたものです。

僕はまだ人間としては未熟で、人にものを言える立場ではありませんし、僕の考え方だけが正しいとはまったく思っていません。

ただ、海外での厳しい戦いや重圧のかかる日本代表の試合を通して、僕が様々なことに気づけたように、本書が僕と同じ悩みを抱える人のヒントになれば、これほど嬉しいことはありません。

酒井宏樹

リセットする力

「自然と心が強くなる」考え方46

目次

第2章 不安を遠ざけ自信を深める

第3章 切り替える

第4章 勝負に強くなる

第5章 僕が僕であるために

第１章

心を強くする

01 「不安は妄想」と割り切る

環境の変化がもたらした意識改革

僕は2012年7月1日、柏レイソルからドイツ・ブンデスリーガのハノーファー96へ移籍しました。

ハノーファー移籍直後にロンドン・オリンピックがあり、初戦のスペイン戦で左足首を負傷しました。続くモロッコ戦、ホンジュラス戦は欠場しましたが、決勝トーナメントのエジプト戦から3位決定戦の韓国戦まで負傷を押して出場したため、ケガの状態が悪化。ハノーファーに合流後もケガの影響で大きく出遅れてしまい、**僕は大事な海外初挑戦だというのに、故障を抱えたままスタートすることになったのです。**

プレーでアピールすることもできず、試合に出られない僕はすごく不安でした。頭をよぎるのは「このまま日本に帰ることになるのではないか」ということばかりです。ネガティブな要素は、ケガだけではありませんでした。ドイツ語も英語も話せなかった僕はチームメートとのコミュニケーションもままならず、ヨーロッパの1年目は個人的にはまったくうまくいかないシーズンになってしまったのです。

このとき僕は、不安の原因はケガにあると思っていました。

ケガが癒えた2年目以降は出場機会が増えて、見方によっては順調と映っていたかもしれません。しかし、それでもなぜか不安は消えませんでした。スタメンとして試合に出続けていても、同じ右サイドバックの選手が調子を上げてくると気になってしまう。「ハノーファーが新しい右サイドバックを探している」という噂が立っただけで、「チームは僕で満足していないのだろうか」「新しい選手が来たらまた試合に出られなくなる日々に逆戻りだ」などのネガティブな考えが頭を巡るばかり。結局、ハノーファー時代はこうした不安がクリアになったことはほとんどなかったように思います。

ただ、**オリンピック・マルセイユへの移籍が、僕の不安を打ち消してくれました。**

マルセイユは、フランスリーグ優勝9回を誇り、1992—93シーズンにはUEFA（欧州サッカー連盟）チャンピオンズリーグを制したフランス屈指の名門クラブです。ハノーファーでは、年間のリーグ戦34試合すべてに出場するつもりでいましたが、マルセイユは国内のリーグ戦に加えて、2つの国内カップ戦とヨーロッパのカップ戦を戦うとなれば、年間50～60試合をこなさなければなりません。そして、その一つひとつの試合で勝利が求められます。マルセイユは勝つことを義務付けられたクラブ。そのプレッシャーは相当なものですが、その状況下に身を置いたことで新しい景色が見えてきたのも事実です。

1シーズンで50～60試合を戦い、勝利を積み重ねていくことは、レギュラーの11選手だけでは絶対に成し遂げることはできません。そのため、マルセイユでは各ポジションに2人以上のレギュラークラスを揃え、コンディションの良い選手が直近の試合に出場していきます。〝個人〟ではなく、〝チーム〟としてシーズンを戦っていくという概念がそこにはありました。

マルセイユでは1週間に2試合あるため、全選手がその2試合のうちの1試合に出場するつもりで準備を進めていきます。こうした環境によって、僕自身のコンディション調整の仕方も改善され、少しでも足を傷めていたらすぐにチームに報告して、試合に出られるか出られないかを判断するという臨み方へと変わっていきました。そうなると、もう1人の右サイドバックのプレーやコンディションが良かったとしてもまったく不安にはなりません。

「他人軸」でなく「自分軸」で考える

いま思えば、ハノーファー時代の僕は「自分軸」ではなく「他人軸」で物事を考えていたように思います。ライバルのコンディションや、新戦力を獲得するという噂にばかり気を取られていたから、「自分の居場所を失ってはいけない」という思いが強く、ケガをしていても無理にでも試合に出ようとしていました。もちろんケガを抱えたままでは良いプレーはできませんので、よけいに不安は募るばかりです。**他人に振り回されて、自分を見失ってしまう。それが不安の原因だったのです。**

しかし、マルセイユに移籍してからは、「自分が良いプレーをしていれば居場所は絶対にある」という**「自分軸」の心の在り方**へ変化していきます。

そうなると不思議なもので、もしライバルの調子が良く、僕が試合に出られなかったとしても、それは自分にとってはコンディションを取り戻す絶好のチャンスと素直に受け止められるようになるのです。そこで自分のコンディションを整えて好調をキープできれば、再び出場機会が巡ってくる可能性がありますし、たとえ出場できなくても自分のプレーを継続できていれば、周りのクラブ、周りの国の大勢の人たちが僕を見てくれています。もちろんマルセイユは大好きだけど、「このクラブだけがすべてじゃない、僕を必要としてくれているクラブは他にも必ずある」と捉えれば、あらゆる不安を取り除くことができました。

自分がいまいる場所を大切にすることはもちろん重要ですが、一度周りを見渡してみれば、ここがすべてではないということに気がつくことができると思います。すると、自然と肩の力がフッと抜けるはずです。

不安はネガティブな妄想です。考え方を「自分軸」へと切り替え、その妄想にポジティブな要素を取り入れるだけで、不安は自分のなかから姿を消していきます。

海外挑戦を通じて僕が学んだのは、**起こった現実を変えることはできないが、それに対する自分の解釈はいくらでも変えられる**ということです。

02 プレッシャーは「受け止める」ではなく「受け流す」

あえて自分を過小評価してみる

日本代表としてのプレッシャーは、ロシア・ワールドカップ出場を決めたいまでもすごく感じます。国を背負っているわけですから、**日本代表はやはり特別な場所**です。

理想は、プレッシャーに打ち勝つだけの強靭なメンタルを身につけ、どんなに重圧がかかっても押しつぶされずに自分の力を発揮することです。まさに（本田）圭佑《けいすけ》くんがそういうタイプの人間でしょう。彼は多くのプレッシャーに打ち勝つだけではなく、自らが盾となって日本代表を守ってくれています。

僕の性格からすれば、プレッシャーに耐えられる度量があるとは思えませんし、プレッシャーに対する許容量が多い選手ではないので、とてもじゃないですが圭佑くんのような振る舞いはできません。

強靭なメンタルを身につけるために、プレッシャーを正面から受け止めて実際に強くなれる人はそうすればいいと思います。しかし、強くなるどころか、その行為がかえってストレスになり、プレッシャーに押しつぶされパフォーマンスが低下してしまう僕のような人にはかえって逆効果です。

ではなぜ、メンタルの強くない僕が、日本代表のあのプレッシャーのなかでも戦えているのか。

僕が心掛けているのは、**プレッシャーを「受け止める」のではなく「受け流す」こと**です。そのためには、あえて自分を過小評価してもいいとさえ思っています。「自分みたいな選手が国を背負っているなんておこがましい」「勘違いするな！　自分はそんなすごい選手じゃないぞ」と自らに言い聞かせています。すごい選手ではないからミスもするし、失敗するのは当然。「自分はもともとその程度のレベルの選手だ」と、客観的に自分を下げて捉えてみる。そうやって自分に課すハードルを引き下げていくことで気持ちがかなりラクになり、少しずつプレッシャーから解放されていきました。

それはマルセイユでも同じです。この勝利を義務付けられたクラブを応援するサポーターからのプレッシャーは、おそらくリーグ・アン（フランス1部リーグ）でナンバーワンでしょう。そこでも「すごいのはマルセイユというクラブであって、僕自身はすごくないからな〜」と言い聞かせ、プレッシャーを受け流すようにしています。

「受け流す」技術に才能はいらない

サッカーの世界では、一発勝負のカップ戦で下部のカテゴリーのチームがトップリーグのチームに勝つ番狂わせが時々起こります。日本の天皇杯でもＪ２、Ｊ３、ＪＦＬのチームが、トップリーグであるＪ１のチームを下す大金星が必ず起こります。その要因のひとつに、下部のチームが**「失敗しても失うものはない」**とプレッシャーから解放された状態でチーム一丸となり試合に臨めることが挙げられます。それほど、**メンタルは試合のゆくえを左右する重要な要素**なのです。

メンタルの強くない僕が無理やりプレッシャーに強くなろうとして、プレッシャーをまともに受け止めてしまうと、結果的にミスを恐れてプレーが萎縮したり、最悪の場合はパニックになって何もできなくなることだってあり得ます。

ならば、僕は自分へのハードルを引き下げてプレッシャーから解放されることで、プレーの質が向上するほうを選択し、少しでもチームの勝利に貢献したいと考えます。とはいえ、本当にミスを連発していいわけではないし、試合では勝たなくてはいけない。そこでも「自分はすごくない選手」と過小評価をするからこそ、試合前の準備段階から周到になれる強みがあります。試合前にはしっかり対戦相手のビデオを見て、マッチアップする選手を研究し、プレーの特徴はもちろん、相手がどういうプレーを嫌がるかまで徹底的に分析して試合に臨むようにしています。

プレッシャーに打ち勝つ強靭なメンタルを身につけるには、その人の生まれ持った性格や才能が大きく影響し、かつストレス耐性も必要になります。ですが、**プレッシャーを受け流す技術は、誰もが後天的に身につけられる**と思っています。

自分自身を過小評価するということは、ネガティブに聞こえるかもしれませんが、捉え方によってはプレッシャーを受け流す手段を引き出すことができる武器になるのです。

03

「否定」ではなく「尊重」から入る

自然と信頼が構築されていく伝え方

柏レイソル時代の僕は、味方に自分の考えや意見を伝える作業をほとんどしていませんでした。20歳そこそこの僕に対し、みんながアドバイスをしてくれていましたし、日本人同士なら生まれ育った環境が違ったとしても、感覚でわかり合える部分があったことも事実です。僕がヨーロッパに来て、もっとも難しいと感じたのがコミュニケーションです。外国人とのコミュニケーションは、国の文化そのものが違うので考えていることを言葉にしてすり合わせていかなくてはいけません。だから僕は、ハノーファー移籍後から**自分の言いたいことはすべて伝える**ようにしています。

なかには感情を露《あら》わにして強い口調で言ってやっと伝わる選手もいますが、僕は感情を前面に出すタイプではないから、何か伝えたいことがあるときは、**まず相手のシチュエーションを褒めること**を意識しています。そのうえで「たまにはこういうことをやってくれたら僕は嬉しい」と自分の意見を伝えています。

相手を否定することから入るのではなく、その人の意見をとにかく尊重する。それは、信頼関係の土壌を耕す行為と言えます。これを積み重ねていくと、自分が普段からきちんとした練習態度をとっているだけで、何かあったときに相手も聞く耳を持ってくれるようになります。つまり、自然とお互いの信頼関係が構築されていくのです。

大切なのは、日々の自分の振る舞いがブレていないか、そして波がないか。ちゃんとした態度で練習をしていれば、その姿はみんなが見てくれています。プラスアルファとして、自分の言葉にどれだけの説得力があるかが問われてきます。逆にそれさえあれば、むしろペラペラと必要以上のことをしゃべる必要もありません。

「お互いの成功のために」という基本を忘れない

これはサッカーに限らず、様々な世界にも当てはまるのではないでしょうか。

たとえば、会社で普段から仕事をサボり気味の人は、周囲からの信頼も得られていないと思います。そんな人から一方的に物事を頼まれたら、受けた側は「自分はサボっているのに、なんで私に頼むんですか⁉」と反論したくなるのは当然だと思います。なぜなら、そこに説得力はありませんから。

一方で、いつも一生懸命に仕事をしている人から意見を述べられたり、頼まれごとをされたらどう感じますか？　その人の意見を聞こう、その人の期待に応えてあげようと考えるのが人間の本質だと思います。

信頼関係さえ築けていれば、アドレナリン全開の試合中に、多少強い口調で伝えても仲間は絶対に聞いてくれます。しかも、仲間であればそれを僕が怒っているとは認識せず、お互いの成功のために本音でぶつかっていると感じてくれるため、相手もちゃんと理解してくれるのです。そこでは「お互いがパニックにならないように、いま修正しておこう」と発言するときもあれば、問題が発生する前にあらかじめ「いまのうちに修正すれば絶対にうまくいくから、チャレンジしてみないか？」と伝えるときもあります。**普段から最低限やることをやって、信頼関係をつくり、それでお互いに歩み寄る。**これが僕が実践している伝え方の技術です。

04

「嫌われない勇気」があってもいい

自分に合った考え方を探せばいい

「嫌われる勇気」という言葉を耳にします。

これは、他人の顔色をうかがい、嫌われないように努めることがストレスになって本来の自分を発揮できないのであれば、「嫌われる勇気」を持つべきだという意味です。あるいは自分が嫌われ役を買って出ることで、チームがまとまるのであれば、そうすべきという考え方もあるでしょう。

ただ、はっきり言ってしまえば、僕には「嫌われる勇気」はありません。**僕は自分の周りの選手や仲間を本当に大切にしたい。**サッカーを始めてから今日まで、仲間を見捨てるような発言や素振りは、自分の性格的に一度もしたことはありません。むしろ、11人でプレーするサッカーは仲間ありきだと思っています。

そのため、いまのマルセイユでは、右サイドバックのライバル選手との関係も良好で、僕たちは「お互いに頑張っていこう」という関係で切磋琢磨《せっさたくま》できています。もしかすると、お互いにギラギラと意識して争うライバル関係こそ美しいと思われる人もいるかもしれませんが、僕はギラギラできるタイプの人間ではないし、これまでのサッカー人生はこのやり方でずっと続けてきていて、だからこそうまくいったとも感じています。

仮にキャプテンという立場であれば、状況によっては厳しいことを言わなければいけないときも確かにあります。しかし、そのキャプテンの発言が自分のためを思ってのことなのか、それとも単にストレス発散のためにキレているのかは、受け取る選手が一番よくわかっています。後者なら確かに嫌われるでしょう。でも前者の振る舞いは「嫌われる勇気」とは違うというのが僕の考えです。それは「嫌われる勇気」ではなく、無条件に相手を信頼しているがゆえの「信頼関係」ではないでしょうか。

また、いくら優れた個人がいても、**個人プレーには限界があります。**

仲間を見捨てて、1人の選手が個人プレーに走ってしまっては絶対にチームは勝てません。だったら仲間と一緒に切磋琢磨していくことのほうが楽しいし、嫌われているよりも信頼関係で結ばれているほうが勝利をつかむ可能性は高くなるはずです。

「嫌われる、嫌われない」という観点に意味はない

こうした仲間を信頼する姿勢は、柏レイソル時代に数多く学ぶことができました。

柏レイソルにヨンハさん（安英学《アンヨンハ》）という先輩がいました。非常に経験豊富で、北朝鮮代表として2010年の南アフリカ・ワールドカップにも出場した選手です。それだけのキャリアを誇る人でも率先して練習に取り組み、当時若手の1人だった僕と同じ目線で話をしてくれました。

ヨンハさんが日頃から実践されていた**「全チームメートへのリスペクトを忘れない姿勢」**からは、本当に多くのことを学びましたし、ヨンハさんから忠告や進言をされて、心に響かない選手はいませんでした。

同じく柏レイソルでお世話になった先輩のキタジさん（北嶋秀朗《ひであき》）は、ヨンハさん

とは違って情熱的に「俺についてこい！」と率先してチームを引っ張ってくれました。キタジさんもピッチ上では絶対に手を抜かない人です。だからキタジさんから厳しい指摘を受けても、それは忠告としてチーム内に伝わっていきました。

この2人に共通していた点は、**そもそも「嫌われる・嫌われない」という観点でアプローチをしていなかった**ことです。

そして、ヨンハさん、キタジさんを擁する柏レイソルは2011年のJ1リーグで優勝しました。

あのチームには嫌われている存在はいませんでした。

だからこそ僕は、「嫌われる勇気を持っていなくても成功を収めることはできるんだ」と、自らの体験から信じています。

05

「人と比較すること」に意味はない

あらゆる答えは自分のなかにしかない

意外に思われるかもしれませんが、僕は天《あま》の邪鬼《じゃく》な性格です。

みんなが「これをしたい」と言ったことを、「僕はしたくない」と言ってみたり、みんなが「美味しくない」と言ったものに対して「いや、美味しいんじゃないか」と言ってしまうことがあります。

そんな性格が影響しているからかもしれませんが、試合が終わったあとも勝利したときほど課題を多く出して伝えますし、負けた試合ではポジティブに修正できるように発言しています。それに、勝ったときは僕が言わなくても周りの人が勝因やチームの良かった点をどんどん発言してくれるから、自分は負けたときにその敗因や次の試合へ向けての修正点を言うように意識しています。

やはり人と同じでは面白味がないですし、ことサッカーに関しては人と比べることはしません。

最初に比較することをやめたのは、アルベルト・ザッケローニ監督時代に日本代表に選ばれて、（内田）篤人《あつと》くんと右サイドバックを争ったときでした。

初めて篤人くんと代表でチームメートになり、「この人は抜群にうまい。自分にない特性を持っている。すごいな」というのが篤人くんのプレーを見た率直な感想でした。同時に、「いまこの人と同じプレーをしても、この人みたいな選手にはなれない」とも感じました。

仮に真似をしたところで、イミテーションがオリジナルを超えることはあり得ない。真似した人がその人を超越することはできないと肌で感じていたこともあり、**僕は僕なりに自分のプレースタイルを追求しようという覚悟**が決まりました。それに監督も同じプレースタイルの選手を2人並べようとは思いません。

周囲から篤人くんと比較されることは多かったですが、僕のなかで「比較しても意味はない」と客観的に気づくことができたのは大きな収穫でした。

また、日本代表で能力の高い選手が周りにいるのは、自分にとって非常に良い環境だと言えます。そこに身を置くことで、いろいろと考えさせられる機会が増えたからです。そして「どうすれば自分は試合に出るチャンスを得ることができるのか」を自問すればするほど、答えは**自分にしかできないプレーを極限まで磨くだけ**、という結論になっていきました。

技術と戦術眼に優れる篤人くんが常にスタメンを張り続けるのであれば、僕は負けている劣勢の状況のときでもいいから、まずはワンポイントで使ってもらえるようなプレーを心掛けるようにしました。たとえば、前線に攻め上がってチャレンジできる回数を増やすための上下への動きや、ゴール前へ数多くチャンスを供給できる精度の高い高速クロスを磨いていこうと考えていました。

もともと特別なオンリーワン

この考えは、マルセイユでプレーするいまでも変わりません。

いまのマルセイユの右サイドバックにはブナ・サールという選手がいます。もともと右のサイドアタッカーの選手でしたが、リュディ・ガルシア監督によって右サイドバックにコンバートされました。そのため、彼はドリブルを仕掛けていく超攻撃タイプの右サイドバックです。

攻撃力ではまったく歯が立たないことはわかっていたので、僕はそれまで以上に戦術理解や戦況把握、試合の流れを読む技術など頭を使ったプレーを意識するようになりました。さらには、ブナが超攻撃的ならば、僕は味方との連携をより向上させて、組織的な守備力を高めていこうと考えました。

対戦相手が強豪クラブである場合、点を取ることはもちろん大事ですが、それ以上に失点しないことが求められるからです。

幸いにして僕もブナも、マルセイユではともに出場機会を得ることができています。

個性というのは、それぞれによって違います。

だからこそ、自分にしかできないことがあるはず。それを見つけて磨くことで、自然と状況は好転していくものです。

06

「怒る」のではなく一緒に「解決の道」を探す

怒りは状況を悪化させるだけ

〝怒る〟ことは莫大なエネルギーを必要とします。それでいて、〝怒り〟はポジティブな感情ではありません。

僕は感情に流されて怒らないよう常に心掛けています。ピッチ上で何か問題が発生して、それに対してチームメートに怒ったとしても、**怒る時点でもはや手遅れ**だからです。その2つ、3つ前の段階で手を打っておけば、怒らずに済んだ可能性もあったはず。そう考えれば、**怒る側にも少なからず問題があった**と言えます。

誰だって怒られると良い気分はしません。僕はチームメートに対しても、家族に対しても怒ることはありません。その理由は、相手にストレスを与えたくないという気持ちもありますし、それ以上に、僕はわざわざ怒らなくても問題を本質的に解決できる方法を知っているからです。

仮に何か大きな失敗をしてしまったけど、それは本人の望んだことではなかったとします。その背景が見えているにもかかわらず、怒りの感情を爆発させたところで、問題は解決しません。

むしろ怒っている時間の分だけ、解決は先送りになりますし、感情的になっている状態で冷静な判断を下せるとは僕は思いません。

失敗によって起こった現実を変えることは不可能です。ならば、**「仕方がないことだった」と相手を尊重したうえで「一緒に解決しよう」という姿勢で話をします。**

怒っても、優しく言っても、どちらでも解決が難しいようであれば、僕は怒るよりも優しく伝えるほうを選択します。

先ほど、〝怒り〟は莫大なエネルギーを必要としながらも、ポジティブな感情ではないと言いました。しかし**〝優しさ〟は間違いなくポジティブな感情**です。ネガティブなアプローチの場合、言う側にも言われる側にもマイナスの感情が生まれ、状況を悪化させるおそれがあります。ならば意識的にポジティブなアプローチを心掛け、少しでも早く解決策を見出したほうがいいというのが僕の意見です。

怒っている相手にはひとまず時間をあける

それに、感情に流されて怒鳴り散らしている人には説得力を感じません。僕は怒られるときに、淡々と冷静に怒られるのと、感情的に怒鳴られるのだったら、冷静に怒られるほうが怖いです。

試合中はアドレナリンが出て興奮状態にあるため、選手によっては試合の流れが悪いとイライラが募ってチームメートを怒鳴りつける人もいます。

もしチームメートが僕に対してそういう態度に出てきた場合、僕のほうに非があれば素直にそれを認め、そのうえで「いまのプレーは僕が悪かった。でもこれはやってほしい」と伝えるようにしています。

しかし、完全に相手の発言に矛盾があって、しかも、それを怒鳴りながら僕に責任転嫁《てんか》してきたら、最初は話し合いのトライをしますが、言ってもどうしようもないと思ったときは「オーケー、あとでまた話そう」と**あえて時間をあけるように**していま す。ピッチから離れれば相手も落ち着いているから、今度は冷静に話し合いができま す。また、**間を置くことで、相手が「さっき俺が言ったことって、もしかしたら間違っているのかもしれない」と考える時間もできる**と思います。

外国人の場合だと、時間が経つとすっかり忘れて、「ヘイ、ヒロキ！　さっきは悪かったな！」と笑いながら何事もなかったかのように言ってくる人もいるので、「あれ？」と拍子抜けすることもあります（笑）。

07

安定した精神が「冷静さ」を生む

人は「褒められる」と落ち着く

「心と体はつながっているんだな」と感じることがあります。

落ち着いている精神状態では必然的に良いプレーができますが、サッカー選手の精神状態は試合中に著しく変化するため、何かのきっかけで雰囲気が悪くなると、突如として、うまくいかなくなる事態が発生します。それまで動きの鈍かったチームが、得点を機に動きがシャープになったり、逆に失点したチームが目に見えて勢いを失ってしまうのは、そういう精神状態が大きく左右しているからだと思います。

サイドバックは試合の流れの影響をもっとも受けるポジションであり、一番流れを切れるポジションでもあります。そのためサイドバックは常に安定した精神状態でプレーしなければなりません。サイドバックの精神状態が悪ければ、試合も崩れてしまいます。

だからこそ僕は淡々とプレーしようと自分自身に言い聞かせています。ポジション柄、感情的になって良いことは何もありません。僕の理想は、コンピューターのように感情の起伏なく、冷静に淡々とプレーを継続することです。

しかし、試合中はどうしても気持ちが高揚してしまいますし、ダービーマッチなど大事な一戦でテンションが上がりすぎているときは、全員がおかしなテンションになる。そして、みんなの動きがいつもと比べて微妙に変わってしまうことがあります。

味方がサポートに来るタイミングが1秒遅いだけでも、連携にわずかな狂いが生じます。その少しの誤差が原因でサイドバックがパスを出すことができないと、パスの受け手ではなくサイドバックの責任になってしまう。つまり、テンションが上がることによって、実は味方も自分も難しい状況になることが多いのです。なので、できるだけ自分が冷静さを保ち、**興奮気味の選手がいたら褒めて落ち着かせて、なるべくいつもどおりのプレーに戻すリセットが大切です。**

「冷静」だから「楽しめる」

冷静にプレーができた象徴的な試合といえば、2017年8月31日、ロシア・ワールドカップ出場権を懸けたオーストラリア戦でした。埼玉スタジアム2《に》〇〇《まるまる》2《に》は超満員で、ワールドカップ出場を期待するサポーターのつくり出す雰囲気によって、試合前から高揚感がありました。ただ、自分でも驚くほど、あの試合は冷静に戦えたと思います。まず、試合前から右サイドの（浅野）拓磨《たくま》とはしっかりコミュニケーションが取れていたし、拓磨も僕の話を聞いてプレーをしてくれていたので、自分に課せられた守備のタスクがクリアになり、その部分でストレスを感じなかったことが大きかったのです。

そのなかで、拓磨が冷静に先制点を決めてくれました。僕もかなり頭をクリアにしてプレーができていましたし、相手の出方も読めて危険察知もうまくいきました。

あの大歓声のなかでも個人的に高揚しすぎず、冷静さを保ちながら、ワールドカップ出場の懸かった大一番の雰囲気を楽しむことができました。**基本的に、試合を楽しめているときは良いプレーができています。**

ここで思い出される試合があります。2011年のJ1第27節、大宮アルディージャ戦。前日に優勝を争うライバルチームが星を落としたため、柏レイソルは大宮アルディージャに勝てば首位に浮上する大事な試合でした。

ただ、当時の僕は、この年にレギュラーの座をつかんだばかりで、チームをコントロールするような立場ではありません。誰かが上がれと言えば上がるし、残れと言われれば残る、その程度の経験値しかなかったので、常に自分のことだけで精一杯。試合のシチュエーションまで頭が回る余裕すらなかったのですが、普段どおりにはプレーができていました。でも「勝てば首位」というシチュエーションがチームの精神状態に影響を与え、普段とは違うテンションで臨んだ結果、優勝争いを演じる柏レイソルは残留争いを繰り広げる大宮アルディージャに1対3で敗れました。

先制点を取ろうと、チーム全体が勝ち急ぎ、陣形がいつもより前がかりになっていたところをつかれ、大宮アルディージャに先制を許したことで、さらに守備がおろそかになり最終的には陣形が崩壊していきました。当時の僕にはできませんでしたが、もしいま同じようなシチュエーションの試合があれば、**自分に対して「冷静に戦え」と言い聞かせ**、淡々とプレーし続けられると思います。

08 自分を見つめ直す

第三者にも自分を客観的に見てもらう

マルセイユに移籍するとき、僕のなかにあるテーマがあったのです。

「マルセイユというビッグクラブで自分が通用したら、この先もチャンスはある。そのためにも自分がやれることは全部やろう。それをやってダメなら日本に帰ろう」

実際、やれることを全部やってここまで成長できたので、僕がやってきたことは間違いではなかったのだと思います。

では、具体的には何をしたのか。

まず、自分の体を見直すことから始めました。ハノーファーからマルセイユへの移籍が決まり、シーズンオフで日本へ帰国したときに、柏レイソルのトレーナーである赤井寛之さんに体を見てもらい、筋肉のつき方やバランスをチェックしていただきました。

するとドイツで強靭なヨーロッパの選手と対等に渡り合うため無理に筋肉をつけたことが原因で体のバランスが崩れ、常にハムストリング（太もも裏の筋肉）に痛みを抱えている状態でした。赤井さんに細かく見てもらうと、臀部《でんぶ》の筋肉をうまく使えておらず、片脚立ちのバランスも非常に悪いことが判明しました。そのことでハムストリングに負担がかかっていたようです。

自分の感覚を大事にしてあげる

ドイツに行く前まで確かにあった「自分の思ったとおりに走れる」という感覚は、ハノーファー時代にはあまり感じることができなくなっていました。そこで、マルセイユで挑戦するためにも、また自分の思いどおりに動かせる体にしたいと思い、赤井さんに改善プログラムをつくってもらうことに。

フィジカルコンタクトは筋肉量よりも、体を相手にぶつけるタイミングのほうが大切。であれば無駄な筋肉をつけるのをやめて、**自分に合った筋肉**をつけようと考えました。

マルセイユのフィジカルコーチに相談すると、彼も僕の意見に賛同してくれて、筋トレでは必要以上の重量で追い込むより、自分の体重よりプラス5キロの錘《おもり》で筋肉のバランスや協調性を意識した取り組み方に変えていきました。

それによって自分の体を思いどおりに動かせる感覚が蘇り、このトレーニング法は自分には合っているという結論に達しました。マルセイユに来てから、ハムストリングの痛みはまったくありません。

他にも血液検査をして、食事のアレルギー反応を調べたり、昼寝を含めた睡眠のとり方、ウォーミングアップの方法、クールダウンの仕方、マッサージは試合の何日前にやるのが自分には合っているのか、などいろいろ試しながら自分に合ったものを探していきました。

警告（イエローカード）の累積で出場停止になったときには1週間時間ができます

から、赤井さんへ連絡して、その期間だからこそ取り組めるメニューを考えていただいています。その他に、毎年シーズンを通してのメニューもつくってもらっているため、赤井さんには感謝の気持ちでいっぱいです。

自分ができることはすべて試して、細かいところまで突き詰める。**重要なのは、それを習慣化して継続すること。**ルーティン化させて日常に取り込むことができれば、当たり前のことのように継続ができます。

だから僕はグラウンドに残る時間が多くなりましたし、チームで最後にクラブハウスを後にするのは、いつも僕かディミトリ・パイェのどちらかです。

09

順風満帆でなくていい

つらいときほど「ポジティブ思考」の練習時間

誰もがそうだと思いますが、決断したら後悔はしたくない。成功するもしないも全部自分次第。だから最初の移籍先がハノーファーだったのは、絶対にプラスになりましたし、もしいきなり日本からマルセイユへ移籍していたら成功していなかったでしょう。それだけではなく、僕のサッカー人生がめちゃくちゃになっていた可能性だってあったと思っています。

僕が全然通用していなくても、ハノーファーは我慢強く僕を試合で使ってくれました。それによって僕はヨーロッパに馴染《なじ》むことができたわけで、ハノーファーでは**目の前の苦しい状況も最終的にはポジティブに変えていける**ことを学びました。

先ほど「決断したら後悔はしたくない」と言いましたが、ハノーファーへ移籍して、試合にまったく出られなかったときは「この海外移籍は失敗だったのかもしれない」と感じることもありました。

もし僕が「苦しいから」といってすぐに日本に帰ってしまったら、それこそ本当にハノーファー移籍は失敗だったということが現実になります。運良く柏レイソルに復帰できたとしても、チームは僕の代わりの右サイドバックを補強しているため、彼とのポジション争いに負けて出場できないままズルズルと現役が終わっていく未来を想像して恐怖を感じたこともありました。

しかし、「そんなサッカー人生になってたまるか」と自らを奮い立たせました。ただでさえ、僕をかわいがってくれた祖母の反対を押し切ってサッカー選手になったのだから、ここで帰るわけにはいかない。

僕が下した「海外移籍」という決断を、失敗ではなく成功に変えるためには、ハノーファーで結果を残すしかありませんでした。

苦しい時期は「成功への過程」と考える

苦しい原因の多くは自分自身にあったように思います。いま振り返れば、ドイツに行ったばかりの頃はドイツ語も英語もまともに話せず、コミュニケーション能力に欠けていました。そこで家庭教師をつけて、1年目のシーズン途中からドイツ語の勉強を本格的に始めました。最初に通訳を務めてくれた川原元樹《かわはらもとき》さんには「はい、宏樹。いま監督がミーティングで言ったことを訳してみて」と、常にドイツ語で考えて話す機会をつくっていただきましたし、次に通訳を務めてくれた津田恵太さんにも非常にお世話になり、お二人のおかげで僕のドイツ語はぐんぐん上達していきました。

柏レイソル時代はメディア対応が苦手だったので、できるだけ報道陣を避けていたのですが、そういう部分も変えていかなければ成功はないと思い、**チームメートには明るく接して、人当たりを良くしていこうと意識をするようになりました。**すると周囲も僕に気さくに声をかけてくれるようになり、私生活でもドイツ人とコミュニケーションが取れるようになって、ますますドイツ語の勉強を頑張ろうという気になっていきます。言葉を習得するにつれて、少しずつ自分の意思を伝えられるようになり、監督ともコミュニケーションを取れるようになっていきました。

ハノーファーの3年目、4年目を迎える頃には、1年目、2年目の苦しんだ経験が無駄ではなかったと感じるようになりました。そこでわかったことは、そのときに苦しい思いをしても、「これは無駄だ」「これは失敗だった」と捉えるのではなく、「この苦しい経験も絶対にプラスになる」と切り替えることの重要性でした。「苦しいから」と諦め、そこでやめてしまえば、それは確かに失敗でしょう。でも、**たとえそのときは苦しくても最後に成功すれば、苦しかった時期は成功への過程になるのです。**

僕だけではなく、みんなそういう苦しい時期を乗り越えてきたと思います。リオネル・メッシやクリスティアーノ・ロナウドでさえも、サッカー選手でプロキャリアのスタートからずっとうまくいっている選手はいないはずです。

「順風満帆でなくていい」

そう考えれば、チャレンジすることに不安を感じている自分を応援することができるのではないでしょうか。

10 自分だけの「ものさし」を持つ

少し厳しめの基準で設定しておく

プロのサッカー選手である以上、批評や批判は切り離せない関係にあります。もちろん自分に対する批判は気持ちの良いものではありません。でもそれを受け止めない限りは前に進めないですし、良いことだけを書いてくれるのがメディアではないと僕は思っています。

的を射ている鋭い指摘であれば受け止めますし、なかには「こういう見方をしていたのか」と参考になるものもあります。あるいは、僕自身が「今日のプレーは良くなかったな」と思っていたのにメディアからの評価が高かったり、反対に良いプレーができたと感じた日にメディアの評価が低いこともあります。同じ試合のプレーでも見る人によって評価が異なる場合もあるので、**「人が違えば視点や判断基準が違うのか。であれば評価が良くても悪くてもどちらも正解だ」**と考えるようになりました。

ただ、メディアの評価に流されて、自分自身がブレてしまうことだけは、絶対にあってはいけないことだと思います。

だからこそ自分自身の基準を持つことが必要になります。自分のフィーリングを大切にして、その基準をもとに自分のプレーの良し悪しを判断できれば、メディアからどんなに批判されようともブレることはありません。下位相手に良いプレーができて、メディアから高い評価をもらったとしても、自分自身の基準がブレなければ「もし相手がパリ・サンジェルマンFCやASモナコだったら同じようなプレーはできなかった。そこは課題として修正しなければいけない」という自己判断が下せるようになっていきます。

自分がどれだけ良いプレーをしても、100人いればそのうち20人くらいからは批判される。それはなくなりません。だから**自分の感覚と基準だけを信頼する。**でもその基準はあくまでも「多少厳しめ」です。自分の基準を甘く設定して「今日は良いプレーができた」と考えるのは単なる自己満足でしかないし、甘い基準でプレーを続けていたらそこに成長はありません。

僕は性格がちょっと完璧主義なところがあって、気になりだすと細かい部分まで気にする癖があります。勝った試合や良いプレーができた試合のほうが、かえって課題が気になるため、その点では自分自身の基準を「厳しめ」に持ち続けられているだと思います。

自分の基準を明確化するために必要なこと

繰り返しになりますが、柏レイソル時代の僕はメディア対応が本当に苦手でした。ロンドン・オリンピック代表に入っていたため、試合に出始めたばかりでも取材を受ける機会が多くなり、たとえば試合後のミックスゾーンで僕が話した内容と、キタジさん（北嶋秀朗）、タニくん（大谷秀和）のようなチームの中心選手が話した内容が違うと、「僕なんかがメディアに発信していいのだろうか……」と疑心暗鬼にもなりました。

また、メディアからの批判で一番苦しんだのが、日本代表で（内田）篤人くんと比較されていた22歳のときでした。ザッケローニ監督が期待を込めて僕を使ってくれるのですが、ピッチで結果を残すことができず、メディアから「内田のほうがいい」という意見が出るたびにいつも落ち込んでいました。

当時はまだ、「自分の基準」で考えることができていなかったがゆえに、抱えてしまう悩みだったように思います。ですが、ヨーロッパの厳しいメディアに晒《さら》されていくうちに、十人十色の評価に一喜一憂することがなくなり、「自分の基準」が明確になっていくにつれ、周囲の評価はさほど気にならなくなっていきました。

多くのメディアに評価していただくのは本当に素晴らしいことで、アスリート冥利《みようり》に尽きます。しかし、自分のプレーの評価判断を人に任せてしまうと浮き沈みの激しい選手になってしまいます。だからといって自分を褒めている記事をわざわざ探すのも格好悪い。

やはり、**厳しい目で自分の基準を持ち続けることが大事です。**これは多くのアスリートが実践していることですが、アスリートに限らず、周囲の評価がどうしても気になってしまう人にとってもきっと効果的な考え方だと思います。

また、**自分が気持ちいいことや心地よいことをたくさん見つけて、自分のフィーリングを大切にすることで、自分の基準を明確にしてほしいです。**

11 自分の「できる、できない」を把握し、周囲と共有する

強いチームほど相互補完が速い

自分には何ができて何ができないかを判断することは、選手にとってつらいことです。やはり自分には無限の可能性があると信じたいもの。しかし、「できる、できない」を把握することによって、「このプレーは他の選手より自信を持ってできるけど、こういう状況では早めに味方にボールを預けて、もっと自分が活きるところに新しくポジションを取り直そう」と冷静に周囲を観察でき、よりベストな状況判断が可能となるのです。そのため、**あらゆるプレーにおいて得意・不得意を洗い出して、仲間と共有しておくことは非常に大事な作業だ**と思います。

昔は単純に、「なんか嫌だ」という理由だけで、自分のプレーを映像で振り返るこ

とはしていませんでしたが、いまは見るようにしています。客観視することによって、自分にできることがより明確になったからです。

たとえば、マルセイユでチームメートのフロリアン・トヴァンは、すごい才能の持ち主ですが、そんな彼にも得意なプレーと苦手なプレーが存在します。彼には「試合を決める」という特別な能力はありますが、守備力に優れているとは言えません。それが共有されていれば、ディフェンダーの僕がフロリアンの苦手なプレーを補うことで、彼が試合を決めるプレーに専念しやすい環境が生まれ、勝利の確率は高まります。

サッカーとは結局、そうした**お互いの補完作業の繰り返し**で、強いチームであればあるほど11人でその作業ができていると思います。

人が苦手で「自分が苦にならないこと」を見つける

僕は日常生活でも、もともとそういう性分なのか、人の嫌がる作業を進んでやることで、相手が喜んでくれたらいいなという気持ちがあります。それで物事がうまくいったときが快感だったりもします。そういう性格がプレーに影響しているのかもしれません。

自分ができることで、仲間の苦手なところを補ってあげられれば、フロリアンとの連携で多くの場合、サイドを制圧できます。

お互いに役割が分担できて、信頼関係が築けているからこそ、試合では「だいたいフロリアンはこのあたりにいるだろう……ほらいたっ！」と、彼の位置を常に確認していなくてもスムーズな連携プレーが可能となります。

それができるので、僕はこのマルセイユというレベルの高いクラブで居場所を見つけられたのです。もちろん自分の得意なプレーは「人の嫌がることをやる」だけではありませんが、実際に僕がボールをもらってロングシュートを打っても、入る確率は下から数えたほうが早い。

だからこそ、この世界で僕が生き残るためには何をすべきかと考えれば答えは自ずと出てきます。

「特別な才能を持った選手が苦手としていることを率先してやっていこう」

非常にシンプルです。

ディミトリやフロリアンのような特別な才能を持っている選手は、サッカー選手のなかでも一握りで、その才能を持っていないほうが圧倒的に多いのもまた事実。ならば、ただ突っ立っているだけではなくて、自分には何ができるかを真剣に考えなければいけません。その思考のプロセスができなければ、各国の代表選手がひしめき合う環境ではとてもじゃないですが生き残れません。

組織には、いろいろなキャラクターの人たちがいます。そこでそれぞれが特長を出して化学反応が起き、1+1が3にも4にもなる。何かを成すことができる組織とは、そういうものだと思います。

第２章

不安を遠ざけ自信を深める

12

小さな成功体験を積み重ねる

自信を深めるメカニズムを体に覚えさせる

２００９年に僕は柏レイソルのトップチームへ昇格しましたが、その年の公式戦出場はなく、２０１０年に公式戦初出場を果たすもレギュラー不在時のバックアッパーということもあり、当時は自分のプレーに対してまったく自信を持てませんでした。コーチングスタッフや先輩たちからは「酒井に足りないのは自信だけ。自信さえつかめば、Ｊ１でもやっていける」とアドバイスをいただいていましたが、そう言われても自信は簡単に身につくものではありません。

最初から自信を持っている人はいません。何かにチャレンジするとき、それが初めての経験であれば、特に自信を持つことは難しいでしょう。

ではいったい、どうすれば自信は養われるのでしょうか。

僕の経験では、**良い感覚でプレーができて、自分のプレーと周りの評価が一致し、なおかつチームの結果がついてきたときに自信は大きく深まる**、そんな気がします。

2011年の柏レイソルでのシーズンは、僕にとってそういう1年でした。

当時、僕は右サイドでレアンドロ・ドミンゲスとコンビを組んでいました。レアンドロは個人技に優れたブラジル人選手で、当時の柏レイソルでは〝キング〟と呼ばれていました。コンビを組んだ2011年にはリーグ戦15得点を記録して、柏レイソルのJリーグ初優勝の原動力となり、シーズン終了後にはリーグMVPを獲得しました。

レアンドロがボールを持ったとき、僕の走り込む動きに相手がつり出されれば、レアンドロはドリブルで相手陣内に入っていく。逆にそのままレアンドロに相手のマークが付いたままであれば僕がフリーになるから、僕がレアンドロを追い越す瞬間、彼が僕に絶妙のパスを通してくれる。そこで相手が遅れて僕の動きに付いてきたら、今度は僕がダイレクトでレアンドロにパスを折り返すと、完全に相手の陣形が崩れていく。

そうした、こちらの狙いどおりに相手を翻弄する感覚は、**自分のビジョンが現実化**

されていくような感覚もあり、プレーをしていて本当に楽しかったし、サッカーがまたいちだんと好きになりました。

また、僕もアシストという目に見える結果でチームの勝利に貢献できるようになったので、勝ちを積み上げていくたびに自信がどんどん深まっていく、そんなシーズンになりました。

「勝ち負け」も習慣化する

ただ、いくら良いプレーができていても、**結果が伴わなければ自信は生まれにくい**と思います。

僕はヨーロッパに来て、勝たなければ評価されないということを強く感じています。日本では「勝利がすべてではない。勝利以外にも大切なものがある」という意見も聞きますし、僕も日本にいた頃はそういう考えを持っていました。

誰でも勝つならば内容にこだわって勝ちたい。それは当然です。ただ、泥臭くても勝つことが大事なのか、試合内容を充実させることが大事なのか、**プライオリティー**

（優先順位）がどこにあるのかを見逃してはいけません。

「相手に圧倒的にボールを持たれてシュートを何十本も打たれた」としても、その試合に勝てば「相手の猛攻を全員で守り抜き、少ないチャンスを確実に決めて勝った」と評価は180度変わっていきます。

相手にボールを持たれて押し込まれた試合を無失点に抑えれば、守備陣は「守備力が向上した」「耐える力がついた」と自信になります。

攻撃陣はチャンスが少なかったとしても、たった一度のシュートで決勝点を奪って勝利すれば、「決定力が上がった」「シュート精度が向上した」と自信を深めることができます。

加えてこうした経験を積むことで、また同じような難しい場面に遭遇したときに「あのときも粘り強く戦って守り切れたから、今回だってきっと大丈夫だ」と前向きなメンタリティーへつながり、「必ず勝てる」という自信が湧いてきます。

つまり、**「つらくても勝利した」という前回の成功体験が根拠となって、いざというときに自信を呼び起こす**のです。

たとえば、柏レイソルは、Ｊ２に降格が決まった２００９年は一度も逆転勝利がありませんでした。相手に先制点を奪われると「また今日も負けてしまうのか……」とマイナスのイメージが湧いてしまい、自信を失って負けが込んでいったのです。

しかし、２年後の２０１１年シーズンは、メンバーがほとんど変わっていないにもかかわらず、たび重なる逆転勝利によって自信が深まり、リーグ最多７度の逆転勝利を記録しました。相手に先制点を許すという同じシチュエーションでも、２０１１年は「先に失点しても俺たちは逆転できる」という自信を選手全員が持っていたから、あれだけの逆転勝利を飾ることができたのです。

これを応用すれば、日常生活でも自信を深めることは可能だと思います。

初めは小さな目標設定でも構いません。仕事でも勉強でも、とにかく目標を立て、成果を出せれば自信はついていきます。**小さな成功体験の積み重ねが習慣化すると、それは自信となってやがて大きな成功へつながる**と思います。

13 よく笑い、よく眠る

最強のストレス解消法

自分が思っていること、やっていることは正しいという信念を持たないと、世界最高峰のクラブチームであるマルセイユというプレッシャーの厳しい環境ではやっていけないと思っています。ただ、**正しいということを証明するためには、やはり結果が必要**です。

勝つことを義務付けられたプレッシャーに晒されると、ストレスは日々募っていきます。そこで、「なんとかそのストレスを軽減させる方法はないものだろうか」と模索しているとき、目に入ったのが近所のワイン畑やワイナリーでした。

そもそも僕は、このマルセイユというクラブで成功するために、まずは自分なりにその土地を好きになろう、ならば、その土地のことを深く知る必要がある、そうした気持ちがあって、この土地自慢のワインに以前から興味を持っていたのです。

僕は柏レイソル時代やドイツのハノーファー時代はほとんどアルコールを口にしませんでしたが、フランスに来て少量のワインを飲むようになりました。

ワインを飲みながら友人と談笑して、気持ち良く眠って、次の日にはすっきりした状態で練習に向かう。まさに**「よく笑い、よく眠る」**です。そうやって、生活にメリハリをつけたおかげで、実際にストレスが軽減されたこともあり「もしかしたらお酒は悪くないいんじゃないか」と思うようになりました。それがルーティン化して、いまでも続いていています。実際に、フランスに来て2年になりますが、体脂肪率はキープしているし、体重も変わっていません。それどころか心身のストレスから解放されて、良いパフォーマンスにつながっているとさえ感じています。

ただ、お酒は「飲んでも飲まれるな」というぐらいなので、自分のなかで「ルール」はあります。それは、ワインで1日グラス1、2杯というものです。

もし自分に甘えて普段よりも多めに飲んでしまい、次の日の練習に支障をきたせば、せっかくのストレス解消方法が悪いパフォーマンスの原因になってしまいます。そうならないためにも、自分で設けたルールは必ず守ります。

だから適量であれば、僕はアルコールが悪いとはまったく思いませんし、マルセイユのワインを楽しみ始めたことで、この土地がもっと好きになったのも事実です。

日本では「アスリートは酒を飲んではいけない」という風潮があるのを感じます。もちろんお酒を飲むにしても限度はありますが、**重要なのは自分に合っているか、合っていないかの判断**です。もしフランスに来たばかりの頃、ワインを飲んで、コンディションやパフォーマンスが低下したのであれば、僕は「アルコールは自分に合わない」と判断して、いまのように飲んでいなかったと思います。

自分が正しいと思えることをする

食事も同じです。マルセイユに来る前に血液検査をして、体質的に合わないものがわかったので、それらは摂取しないというルールはありますが、それ以外でしたら好きなものを食べるし、アルコールと一緒で、食事を楽しむことがストレス解消につながっています。

食事を制限し、アルコールも1滴も口にしない。それがアスリートのあるべき姿だと認識して、日々のストレスを抱えながらも無理にストイックな生活を続ける。その結果、心身ともにパフォーマンスレベルが低下し結果が出ず、苦悩の日々が続く。

もし、そうなれば、いったい何のために節制しているのかわかりません。

子供と同じ部屋で寝ることも「睡眠不足になるからスポーツ選手には良くない」という声も聞きます。でも僕は子供と一緒に眠ることで、よりリラックスして体を休ませることができています。

人によって何が体に良いか、自分にとって何が合っているかはそれぞれ異なるため、その時々で自分に合ったものを見つける、というのが僕の意見です。そのため、**固定観念は持たず自由な発想で物事を考えるよう意識しています。**

僕自身、自分のプレーが良くない原因を何かのせいにして言い訳をするのは、この世で一番恥ずかしいことだと思っています。だからこそ、**何事も自己責任**と考える。

自分のやっていることは正しいという信念を持ち、そのうえで正しいと証明するためにも結果や成果を出すことが大切です。

14
苦しいときこそ真価が問われる

苦境は信頼できる仲間を見つけるチャンス

チームの結果が出ない時期が続くと、選手としては非常に苦しいものです。ドイツのハノーファーでは連敗もありました。結果が出なければメディアからは叩かれ、サポーターからの風当たりも強くなり、チーム内の雰囲気も悪くなって、ときには選手同士の関係に亀裂が生じる場合もあります。それでまた次の週の試合に負ければ、チーム状況もチームを取り巻く雰囲気もますます悪化していく。特に残留争いをしているときは、そんな状況がずっと続いたので、メンタル的には厳しい時期でした。

しかし、**苦しいときこそ人間は本質が問われる**と思います。

ハノーファーは、2001―02シーズンにブンデスリーガ2部で優勝して、翌シーズンに1部へ昇格しました。一時はUEFAヨーロッパリーグというヨーロッパ各国の上位チームのみが出場権を与えられる国際大会に出場した時期もありましたが、僕のハノーファー3、4年目は残留争いに巻き込まれていきます。

もちろん選手は結果を出そうと必死に取り組んでいますが、なかなか結果がついてこない。そういうときは選手もナーバスになっているので、些細《ささい》なことで人間関係が崩れやすい。だからこそ、コミュニケーションには気を遣い、普段以上に他の選手と話す機会を設けるように心掛けました。

「もし降格したら、10年以上にわたって1部にいたこのクラブの歴史が崩れてしまう。自分たちの時代で降格させるわけにはいかない」

当時の僕は、この必死な思いだけでシーズンを戦っていたように思います。

チーム状態が苦しいからこそ、本当に信頼できる人をチームのなかに見つけることができました。試合中では、仲間を助けるためにパスを受けに来てくれる人もいれば、味方のサポートは一切せずに自分勝手に動く人もいます。ピッチの外では、「チームを救うために仲間と一緒に戦う」という気持ちを持って、少しでもチームの調子が上向きになるためになんとかしようと思っている人もいれば、反対に「この人はこうやって簡単にチームを見捨てることができるのか」と驚くくらい、すぐに投げ出す人もいました。

結局、ラクな選択肢に成長はない

誰だって苦しい経験はしたくありません。僕も二度と残留争いは経験したくないのが本音。しかし、苦しい状況から目を背け、そこから逃げてしまう人は、次に同じシチュエーションが来たときも、また目を背けて逃げてしまうと思うのです。

苦しい状況に直面しないに越したことはありませんが、その状況になってしまったのなら、その経験さえも貴重なことだと捉えて逃げずに突き進むことで、新しい道が見えるようになると僕は信じています。また、**自分がラクな選択肢を選んでばかりいれば、それ以上の成長は見込めない**でしょう。

同じ残留争いでも、「苦しいから嫌だ」「やりたくない」と現状から逃げ出すような気持ちのまま過ごすのか、それとも「いまは苦しいけど、この経験を活かして、もう二度と同じ状況をつくらない」と自分自身を鼓舞しながら、苦しい時期を過ごすのかでは大きな違いがあります。

苦しいときこそ人の本質が表れ、そのときにどのような振る舞いができるかを、周囲の人は必ず見ています。たとえすぐに結果として出なくても、苦しい状況に立ち向かった経験は、自分の道を切り開いてくれるはずです。もし僕がハノーファー時代に「苦しいから」という理由で投げ出していたら、マルセイユへの移籍はなかったかもしれません。

15 無理に自分を変える必要はない

アプローチの方法を工夫すれば何とかなる

「酒井は謙虚だ」と周りの人からよく言われます。

でもそれは、「ただ単に素直に人にものを言えない性格だ」と自分では分析しています。僕は自分のプレーが試合を決定づけるという感覚もあまりなく、みんなに助けられているとしか思っていません。だから助けてくれる仲間に対して文句を言えるはずはないし、プレー中にフォローしてくれたチームメートに感謝の気持ちを持つのは当然のことだと思っています。

一般的に、スポーツ選手は自己主張の強い人が成功すると思われがちですが、自己主張の強くない僕は、**自分の要求を伝えたいときでも回り道をして、自分を抑えて、**

まずは向こうの要求を聞き、それを聞いたうえで、自分の要求を伝えるようにして、ここまでやってきました。

同じサイドで組むアタッカーには、自分本位なぐらい僕に要求してきてほしいと思っています。そうすれば「じゃあ僕はこう動くんで」と、その人の動きに合わせて動き方が決まるからです。だから（本田）圭佑くんとはすごくやりやすいし、柏レイソル時代にコンビを組んでいたレアンドロは自分本位すぎました（笑）。そんなレアンドロに比べればマルセイユのチームメートであるフランス代表のフロリアンは、もう少し僕の意見に聞く耳を持ってくれています。

僕は自分を抑えることがストレスにはなりません。根本的に自分に自信がなく、もともと「僕の要求がどれくらい伝わるだろうか……」という不安な気持ちがあるため、相手が自分の要求に１００％は応えてくれなくても、自分の要求が30％でも40％でも伝われば、「相手に伝わった」「歩み寄れた」という達成感があります。初めは30％や40％しか伝わっていなくても、それだけ伝わっていれば、**あとは自分のアプローチの仕方を工夫して、その数字を引き上げていけばいい**だけです。

気弱でも自分の意思を伝えることはできる

「強い人間に生まれ変わるために、多少強引にでも自分の要求をガンガン押し通せるようになろう」という話も聞きますが、気弱に見られる僕は、自分を抑えて相手の要求を聞いたうえで自分の要求をする方法で、ドイツとフランスでは自分の意思を伝えてうまくいっています。**無理に自分を変える必要はないのです。気持ちが弱いのなら、それなりの方法はいくらでもあります。**

マルセイユでは、ディフェンス陣から「『もっと守備をしろ』とフロリアンにちゃんと伝えろ！」と言われます。だけど僕は彼が彼なりに頑張って守っているのがわかるから、それ以上強く要求すると、今度は彼のストレスになってしまうと思い、「最低限これだけはやってほしい」と伝えたうえで、「でも最低限のことをやらないと、もっと苦しくなってよけいに守備に戻らなければいけないよ。そうなると、もっと体力を使うことになるよ」と言うようにしています。するとフロリアンは「そうなるのは嫌だから、ヒロキに言われたことは絶対にやるよ」と約束してくれます。これが本当の信頼関係ではないでしょうか。

他には、守備で5つやってほしいことがあったら、そのうち絶対にやってほしい3つを試合前に話して、残りの2つは試合状況によって、うまくいかなかった状況が出たときに、「いま、うまくいかなかったでしょ。だったら、こういうプレーをしてくれたら、もっと良くなるんじゃないか」と言えば、ちゃんと伝わります。

うまくいくのであれば3つのままでいいし、必要以上に相手に情報を詰め込みたくはないので様子を見ながら、言うべき状況がきたら伝えようと考えています。

自分に自信がなくても、伝え方次第で相手に自分の意思は伝えることができます。

「自分が言われる立場だったらどう言われたいか」

「できるだけ相手がポジティブに受け止められるように伝える」

これらを常に心掛けています。

16

意味のないプライドは捨てる

「自分たちのサッカー」というジレンマ

サッカーは2つのチームの22人が同じピッチ上で得点を奪い合うスポーツです。自分たちのチームに戦術があるのと同じように、相手にも戦術があります。対戦相手に応じて戦い方は変わりますし、対面する選手によって駆け引きも変わってきます。サッカーは、それぐらい綿密に計算し、頭を使わなければいけないスポーツだと思っています。だからこそやりがいがあるのも事実です。

よく**「自分たちのサッカー」**という言葉を聞きますが、僕はこの表現があまり好きではありません。サッカーは世界でもっとも競技人口の多いスポーツですが、全世界のなかでも「自分たちのサッカー」を貫くことができているのは一握りの国やチームしかないと思っています。

たとえば、パスをつなぎながらボールを保持して攻撃を仕掛けていくポゼッションサッカーを志向していても、常に相手よりボール支配率で上回って勝利を収められるのは、世界中を見渡してもFCバルセロナぐらいでしょう。仮に「自分たちのサッカー」がポゼッションだとして、対戦相手がそれ以上にポゼッション能力の高いチームだったら「自分たちのサッカー」ができなくなるわけです。「自分たちのサッカーができなかったから勝てない」とは言いたくないですし、だったら勝つためにはどうすればいいのかを考えなければいけません。

2004年のEURO（ヨーロッパ選手権）で優勝したギリシャは、守ってカウンターという戦い方を貫いていました。面白味やエンターテインメント性には欠けていたかもしれませんが、彼らはEUROで**勝つためにリアリストに徹し、実際に結果を残した**のです。

日本がワールドカップで勝利するには、ギリシャのようにリアリストに徹することができるかに懸かっていると思います。日本から見れば、ギリシャの選手は個々のクオリティーも高いです。その彼らが徹底したカウンターの戦い方を選んだわけですから、僕たちが自惚《うぬぼ》れてはいけません。しかし、日本では自陣に引いて守備を固めて、カウンター一辺倒のサッカーで勝利しても批判されることがあります。

２０１４年のブラジル・ワールドカップで、日本はリアリストのギリシャと対戦しました。相手を崩せたのかと言ったら、結果は０対０の引き分けでしたし、決勝トーナメントに進んだのはリアリストのギリシャのほうでした。実際に南アフリカ・ワールドカップの日本代表は、リアリストに徹して決勝トーナメントまで進みました。僕も出場したロンドン・オリンピックでは引いてカウンターのチームだったし、そのリアリストに徹した戦術にハマったからスペインに勝ち、そこでチームの自信が深まって、僕たちは４位まで勝ち上がることができたと思っています。

覚悟を決めるとチャンスが増える

日本は、アジアではほとんどの国との対戦でボールを支配することができますが、ワールドカップのような世界の強豪ひしめく大会で勝ち上がっていくためには、まずは自分たちがどのあたりの位置にいるかをしっかり把握して、**結果のためにリアリス**

トになる覚悟が必要なんだと思います。

ロシア・ワールドカップで対戦するコロンビア、セネガル、ポーランドは、どこも強い国です。しかし、どんなに相手が強くても、10回戦えば、そのうち1、2回は勝つ可能性が出てくるのがサッカーの面白いところです。その1、2回をワールドカップで出すことで、僕たちの自信も変わっていくと思います。

プライドを持つことは大切です。しかし、体裁だけを気にした妙なプライドであれば必要ありません。妙なプライドが邪魔をして、体裁や見栄にこだわり続けた挙げ句、結果を出せずに自信を喪失し悪循環に入ってしまっては危険です。

僕の経験上、**プライドを捨て、なりふり構わず行動ができるようになったときほど、成長するチャンスが訪れる**ように思います。

17 やらない自分を正当化する言い訳をしない

「かなわない」というポジティブ思考

マルセイユでは、日々の練習や試合からチームメートの能力の高さを強く感じるようになっています。

ハノーファー時代にも、FCバイエルン・ミュンヘンやボルシア・ドルトムントのようなリーグ上位の世界的な強豪クラブとの対戦はありました。しかし1シーズンにホームとアウェーの2度の対戦だけでは、彼らの能力を感じる機会は少ないですし、どうしても対戦相手という目線で見てしまうため、力の差があっても彼らには負けたくない、力の差を認めたくないという気持ちが働いてしまいます。

しかし、マルセイユに来て、フロリアンやディミトリ、その他の各国代表選手のハイレベルなプレーを毎日目の当たりにしていると、彼らのような特別な才能と自分との実力差は相当な開きがあると認めざるを得ない。そこで**「彼らにはかなわない」**のは、**「彼らを越えることはできない」と割り切るというか、いい意味で切り替える**のは、自分としてはありだと思っています。マルセイユという大きなクラブに来て、サッカー選手として上の景色を見ることができたうえで「ああ、ワールドクラスの選手って、本当にすごいんだな」と実感できた。それで悔しいという気持ちが起こらないのは、自分の持つサッカー選手としての能力の最高到達点に来たのかなという思いがあります。

日本人の若いサッカー選手のなかには「自分が世界でどの位置にいるかを知りたい」と話す人がいます。サッカー選手として、自分の位置を知ることはすごく幸せなことですし、だからこそ海外挑戦はとても意味のあることです。

もちろん応援している人たち、ファン、サポーター、家族、友人は、いまの僕に対して「諦めるな」「努力すればもっと上に行けるよ」と叱咤激励してくれると思いますが、自分なりにもがきながらサッカー選手としての最高到達点まで這い上がってきて、仲間に対して「かなわない」と感じることは単純に素晴らしいことであり、まさに選手冥利に尽きることだなと思っています。マルセイユというクラブが、僕の知らない世界、まだ見たこともない世界まで連れてきてくれたわけですから。

サッカー選手個人として、できることをやり尽くし、そのうえでフロリアンやディミトリといった世界最高峰レベルには「かなわない」と感じるからこそ、世界トップレベルまで来られた事実に自信が深まりました。だから、これは「諦め」という感覚とはまったく違います。

自分で勝手に限界を決めていないか

「諦めているのか」と聞かれれば、むしろ僕は諦めてはいません。マルセイユが僕を拾ってくれたように、この先自分が想像できないようなレベルの高いクラブから声をかけてもらうことは、ワールドカップの結果次第では可能だと思っています。ここまで来ると**自分個人の能力というより、チームメートとの相性や相乗効果でその壁を乗り越えられるのではないか**と考えています。

そのステップアップを見据えながら、いまの僕はこの先に海外挑戦する日本人選手が有利になるように、しっかり自分が良いパフォーマンスをして、フランス国内で日本人の評価を上げていこうと思っています。日本には僕より才能のある選手がたくさんいます。彼らが今後海外に挑戦すると信じて、そのときに彼らがプレーしやすいように土台を整えておく。決して「日本人だからうまくいかない」「日本人だから活躍できない」とマイナスのスタートをさせないようにする。「酒井がフランスで活躍できなかったから、フランスのクラブは日本人選手を取らなくなった」と言われるのは絶対に嫌ですからね。

自分自身で勝手に限界線を引き、「自分は一生懸命やっているけど、ここまでが限界なんだ」と決めつけてしまうのは、自分に自信がないからではないでしょうか。そして、そうした場合の多くは、やらない自分を正当化する「言い訳」になっているように思います。

もがいて、這い上がって、本当に自分の限界点まで到達したときには、自信を失うどころか、むしろ「ここまで来ることができたんだ」という大きな自信が生まれます。

18 悩みを1人で抱え込まない

最初は能力の高い人に頼っていい

マルセイユでのプレーを経て、日本のメディアから「酒井はパスをつないで攻撃を組み立てるプレーが上達した」と言われることが多くなりました。でもこれは、僕がうまくなったというより、チームメートの能力の高さや相乗効果が大きく関係しているように思います。

優秀な人と仕事をすることで自分も成長できるという話はよく聞きますが、マルセイユで僕の身に起こっていることは、まさにその縮図だと思います。

マルセイユの選手はみんなレベルが高く、しかも驚くほど良い位置でパスを受けてくれます。僕がそこにパスを出したいと思ったら、だいたいそのポジションにいてくれる、そんな感じです。

マルセイユに来て自分のテクニックが向上したとは思っていませんが、**世界トップレベルの環境に身を置くことで、判断力と判断スピードが高まり、プレー中の視野がものすごく広がりました。**自分が良い判断をして、良い視野を確保できれば、味方が絶妙のタイミングでパスを受けてくれるわけだから、時間のロスも起こらない。そうすれば相手選手には捕まらないし、フロリアンやディミトリは、難しい状況であればあるほど「俺がなんとかしてやる」と思ってくれる選手なので、パスを通せば相手のマークが厳しくても個人の能力で相手の寄せをかわすことができるのです。

彼らにボールを預けたあとは、僕が質の高いランニングをすれば、今度は彼らが僕の動きを見て必ず良いパスを出してくれるから、僕の動き次第でチャンスは大きく広がります。

なかでもフロリアンと柏レイソル時代のレアンドロ、この2人は、本当に僕の使い方がうまい。

僕が効果的なランニングをして彼らを追い越そうとすると、フロリアンもレアンドロもその動きを見ながら一度自分のほうに相手の重心を寄せてから、一気にパスを出してくれるので、結果的に相手の逆をつく形になり、僕が完全にフリーな状況でパスをもらうことができ、チャンスをつくることができます。

もし相手が僕の動きに釣られて重心が逆に傾けば、その瞬間を見逃さずに彼らは自らドリブルでなかへと入っていきます。こうしたプレーによって柏レイソルやマルセイユでは何度も右サイドから相手を崩しました。これは僕がうまいわけではなく、彼らの能力のおかげで相乗効果が働いた典型的な形です。

自分の力を引き出してくれる仲間がどこかにいる

2人の連携で完璧に崩すことができるようになると、不思議と相手のプレッシャーはまったく感じなくなります。また、攻撃の主導権をこちらが握っているため、「こういう動きでターンをすれば相手は寄せてくるだろうから、プレッシャーをかけてきたら逆をついて、そのままドリブルをして中央突破してみよう」などのイメージが次々と湧いてきます。

そのため、プレーしていても、すごくワクワクするし、とにかくサッカーが面白いという感覚を持ちながら、「こういうときにはこういうプレーを選択すればいい」と勉強になることも多いので、連携の幅はどんどん広がっていきます。

決して自分がうまくなくても、相乗効果で自分の力を引き出してくれる仲間の存在というのは非常に大きいと感じています。こうしたプレーができることもまた、自分の自信につながっていきます。

自分1人でなんとかしようと悩み続けて途方に暮れるのは無意味なことです。身近に能力の高い人がいたら、その人を頼り、一緒に仕事をすることで自分の新たな力を引き出してもらう。そこで手順やプロセスを学ぶことができれば、自分のスキルアップにつながりますし、何より自信が深まり、メンタルが強くなるように思います。

19

ミスをした仲間も自分も否定しない

ミスは「非難するもの」ではなく「カバーするもの」

サッカーではミスが頻繁に起こります。僕も「ミスが起こる前提」で、いつもプレーをしています。ただ、同時に、ミスが起こる確率を下げる作業も必ずしています。ミスは起こるものだと思って、マルセイユのフロリアンとはあらかじめコミュニケーションを取りながら、2人の連携でミスが起こった場合はどのようにして相手を食い止めるか、考えを共有しています。

サッカーは足を使うスポーツですし、ピッチの状態によってはバウンドがイレギュラーする可能性もあります。反対に、ミスしたと思ったのが意外に良いボールになることも。**大切なのは、ミスしたあとの処理をいかに迅速に行えるか、またミスの影響**

を最小限に抑えることができるか、この2つでしょう。

サッカーは11人で行うスポーツですから、1人がミスをしたとしても、他の10人がカバーできれば失点を防ぐことができます。そこでカバーできずに失点をした場合は、ミスをした選手だけの責任ではなく他の10人の責任でもあるわけです。

もちろん凡ミスで、その選手の責任というケースもありますが、それでもそのミスを指摘して非難する前に、まずはそのミスをカバーしてから、あとでその選手に意見するような度量の大きさが必要だと思います。ミスをした選手に責任はあるけど、他の選手もミスが起こったときにやるべきことはあったはずです。

自分にも他人にも寛容になるために

もし自分がミスをしてしまったときは、そのミスを引きずるのではなく、すぐに切り替えることを心掛けています。「ああ、ミスをしてしまった。どうしよう」と捉えるのではなく「いま、このミスをしておいて幸運だった。もう二度と同じミスを起こさないように気をつけよう」と考えることで、とにかくポジティブ思考に持っていきます。

ミスをした仲間を否定しないのと同じように、自分がミスをしても自分を否定しないことが意外と重要です。「ミスをしてしまったから自分はもうダメだ」と投げ出さずに、「ミスの原因を把握して次回に活かす」と切り替える。

それでも、ミスのあとは気持ちを引きずり、スッキリしないこともあります。しかし、サッカーの悩みはサッカーでしか解決できないから、トライを続けるというのが僕なりの答えです。絶対にやってはいけないのは、ミスを恐れて、冷静さを失うこと、そして積極性を欠くこと。チャレンジなくしてゴールは生まれません。

柏レイソルのアカデミーにいた頃、僕は本当にミスの多い選手でした。

自分がミスをして試合に負けると、「サッカーをやめたい」とさえ思うこともありました。おそらく妙なプライドが邪魔をしていたように思います。でもよく考えてみると、「僕1人の力で試合の結果が決まってしまうほど自分はすごい選手ではない」ということに気がついたのです。

そこからは「自分は下手なんだからしょうがない。同じミスを繰り返さないようにすればいい」と気持ちの切り替えがうまくできるようになって、だいぶラクになりました。

それに、みんな勝つために全力でプレーしているわけで、ミスをしたくてしている人なんていません。

こうした原体験から、「ミスをした仲間も自分も否定しない」という考えが生まれたのだと思います。

また、ミスへの否定がなくなったことで、心の底から仲間と勝利の喜びを分かち合えるようになりました。そして、それは「僕はやっぱりサッカーが好きだな」という実感につながり、そうした達成感のおかげでまた前に進むことができるようになったのです。

ミスは起こるものと考えて、自分にも他人にも寛容になる。そうすれば、慌てることもイライラすることもなくなって、精神衛生上にもプラスになるはずです。また、そうした雰囲気づくりがチームとして不安を遠ざけ自信を深めていくように思います。

20 1人の時間をつくる

時間の価値を再認識する

僕は家族と過ごすかけがえのない時間が大好きです。そのため、普段は家族と一緒で、1人になるのは試合前の前泊や遠征のときだけです。

試合前日の1人の時間は何をしているかというと、勉強をしています。主にフランス語の宿題です。宿題をやらないと、試合で良い結果が出ないという僕のジンクスがあり、必ず宿題を持ち込んで、クラブハウスや宿泊先で少しでもいいからやるようにしています。勉強をして「よし、これで良い結果が出る」と思えるおまじないのような意味合いも含んでいるので、**自動的に勉強をする習慣が身につく**ようになりました。

また、フランス語の他には、自分が知らないことで興味のある分野の勉強をしています。いまなら経済学。単純に経済学とはどういうものなんだろうという疑問を解決したかったのと、いままでインフレ、デフレの説明すらできなかったのですが、そういう教養を知らないままでいいのかなという心境の変化みたいなものがありました。

そのきっかけは、将来サッカー選手を終えたときに何も知らない人間だったら嫌だなと思い始めたからです。きっと娘も、そんな父親は嫌だろうから、勉強の時間を設けて、いろいろな知識を吸収していく時間をつくろうと思いました。

もしかしたら、娘が大きくなったときに「あれってなんで○○○なの？」と聞かれたら、ちゃんと答えられる父親になりたいのかもしれません。

いまでは、勉強をしたり、サッカー選手のキャリアを終えたあとに何をしたらいいかなどを考えたりする、**1人の時間は結構好き**です。時間は本当に貴重で、1日24時間のうち、サッカーをする時間、サッカーの準備をする時間、睡眠時間は絶対に必要な時間ですし、そこに練習に向かう時間と帰宅時間を含めると、自分の時間というのは意外と少なくなってしまうものです。

お金で時間を買うという発想

チームの練習時間は1時間から長くても2時間程度ですが、僕は通常の全体練習が終わると1人でグラウンドをゆっくりジョギングし、その後は体のバランスを整えるトレーニングをしてからストレッチをしています。グラウンドでの練習を終えたあとはクラブハウスでサウナと水風呂に入る交代浴をして、シャワーを浴びて汗を流し、今度は治療とマッサージで体のケアに努める。だからチーム内で最後に帰宅するのは、いつも僕かディィミトリなのです。午前中の練習でも帰宅は夕方になります。

ただ、時々イレギュラーが発生することも。先日も「この時間にマッサージをしてもらおう」と考えていたタイミングで、先にディィミトリのマッサージが始まってしまいました。普段の流れでは、僕は最後にマッサージをしてもらい、クラブハウスで食事をしてから帰るのですが、ディィミトリのマッサージが終わるのを持っていると帰宅が30分程度遅くなると思いました。僕は時間を有効に使えるように「今日は何時に帰る」と終了時間を決めて、**自分で時間を計算しながら行動しています。**だからイレギュラーなことが発生したときは待つという無駄な時間をつくるのではなく、先に食事をして、マッサージをあとに回す、など順番を入れ替えて合理的にやりくりできるよう意識しているのです。

練習場から帰宅するときも、高速道路を使えば一般道路で帰るより10分程度ですが時間を短縮できるため、2ユーロを払って高速道路を使い、少しでも時間をつくるようにしています。ほんの10分でも、これを1年間続けたら約60時間になります。2ユーロというお金も、1年で考えたら相当な額に達しますが、それでも僕は時間をつくるほうを選択しています。

そうやって工夫をして生み出した時間を、自宅での勉強や大好きな家族との時間に充《あ》てて有効に使う。

いまの僕にとって最大の贅沢は何もしない時間です。シーズン中は、そんな時間は絶対につくることができません。できるとすればシーズンオフに日本に帰国したときぐらいです。**1日のなかでのオンオフではなく、1年という長いスパンでのオンオフを考える。**それがストレスを溜めずにストイックになれるコツかもしれません。

第３章

切り替える

21

大事なときこそ、あえてリラックス

切り替えるきっかけとなったキャプテンの言葉

２０１６年９月１日、場所は埼玉スタジアム２〇〇２、日本代表はロシア・ワールドカップアジア最終予選の初戦を迎えました。相手はＵＡＥ（アラブ首長国連邦）。日本は11分に、キヨくん（清武弘嗣《きよたけひろし》）のフリーキックから（本田）圭佑くんがヘディングで先制しましたが、そのあとは直接フリーキックとＰＫを決められ逆転を許し、そのまま１対２で敗れるという結果に。

この試合を僕なりに振り返ると、敗因のひとつは、中央突破が多く、サイドを効果的に使った攻撃ができなかったことが挙げられます。リードを奪われた70分過ぎた頃からチームに焦りが生じ、急にサイド攻撃一辺倒。しかし、相手にはサイドを使うと気づかれている状態のため、ただ放り込んでいるだけで効果的な攻撃ができていなかったように思います。とりあえずサイドにボールを出して「なんでもいいから、とにかく上げろ！」という具合です。

サイドを使うのであれば、もっと効果的に試合の最初から使うべきだったのではないかという疑問が残りました。精神的にも戦術的にも、あの試合の日本代表は未熟でした。

試合後には「アジア最終予選の初戦で負けた国は、すべて予選敗退している」というデータが取り上げられ、メディアからはワールドカップ本戦出場を危ぶむ声まで挙がりました。

そんな状況のなか、ＵＡＥ戦のあとにはすぐにタイ戦があり、遠征先のバンコクでキャプテンの長谷部（誠）さんから「みんなで飯を食いに行こう」という提案がありました。そして、選手全員で日本食レストランへ向かうことに。別にそこで何か特別な話し合いがあったわけではありません。初戦の結果で全員がこれ以上ないほどの危機感を持っていましたから、改めて口に出す必要がなかったんだと思います。

「もしかすると長谷部さんは、そんな僕たちを見て、プレッシャーから解放させるた

めに食事の機会を設けたのでは？」と、あとになって思いました。それだけUAE戦の敗戦は、僕たちに重くのしかかっていたので、みんなで食事をして、気持ちを切り替えてリラックスさせる必要があると長谷部さんは考えたのかもしれません。それを実際に行動に移せるのだから、さすがはキャプテンです。

迎えた9月6日のタイ戦はアウェーということもあり、向こうの選手も相当気合が入っていたので難しい試合になりました。実力的に見れば大差をつけて勝たなければいけない試合だったとは思いますが、とにかくUAE戦の悪い流れを食い止めるためにも大事な一戦であることに間違いありませんでした。

結果的に、UAE戦からタイ戦の数日間で、僕たちはそれぞれが自分たちを見つめ直し、これ以上ないほどのプレッシャーを乗り越え、チームとしてひとつになって成長することができたと思います。UAE戦ではまったく効果的ではなかったサイド攻撃もタイ戦前には整理され、僕のクロスから（原口）元気《げんき》の先制弾が生まれました。日本代表は2対0で勝利し、初戦の悪い流れを断ち切ることができました。

あえて「考えない」時間をつくる

良いプレーをするためには、ある程度の緊張感は必要ですが、緊張しすぎるとガチガチになったり、余裕がなくなって冷静さを失い、実力を発揮できなくなります。

僕はグラウンドを離れたらサッカーのことを考えません。練習前には昼寝を30分する。眠れなかったとしても、10分でも20分でもいいから横になって目を閉じる。練習が終わって帰宅後は家で子供と遊び、食事のときには少量のワインを飲み、夜はバラエティ番組を見て笑って過ごす。

これまでの経験から、練習や試合では自然と緊張感が高まっているので、自分が思っている以上に実は精神的な疲れが溜まっていることが多いとわかったのです。肉体的な疲労はすぐにわかるので認識できますが、**精神的な疲労の場合は案外気がつかないもの。**

だからこそ、グラウンドを離れたときは、極力リラックスタイムに充てています。やはり大切なのはメリハリです。

大事な試合の前だからこそ、あえてサッカーのことを考えない時間をつくる。長谷部さんが提案した食事会は、緊張感や不安に押しつぶされそうになる僕たちにとって、一時のリラックスと冷静さを取り戻すきっかけとなったように思います。初戦敗北のショックとワールドカップに出場できないかもしれないという危機感に飲み込まれたままの状態でタイ戦を迎えていたなら、結果はどうなっていたかわかりません。

22

「うまくいかない」前提で考えてみる

ネガティブ思考の成功法則

タイ戦の1か月後の10月6日、アジア最終予選3戦目のイラク戦を迎えました。前の試合でタイに勝ったとはいえ、初戦に敗れた影響は尾を引き、僕たちを後押ししてくれるスタジアムの大声援のなかに「お前ら、本当に勝つんだろうな？」という懐疑的な雰囲気を感じるという、それまでの代表戦とは少し違う印象を受けました。

日本代表への風当たりが強い状況でプレーすることは、メンタル的には非常に難しかったけれど、後半のアディショナルタイム、セットプレーのこぼれ球から（山口）蛍《ほたる》の豪快な一撃が生まれて、なんとか2対1で勝ち切ることができました。

連勝できたのは良かった。でもまだ手応えはありませんでした。そこで僕は「きっところが、「僕らはうまくいかない」と考えるようになりました。この言葉だけを聞くと、非常にネガティブな印象を受けると思いますが、真意を話せばまったくネガティブではありません。クラブで毎日一緒にプレーする選手と違って、数か月に一度集まる代表では連携不足は当たり前です。だからこそ「うまくいかない前提」があれば、顔を合わせたときには入念にコミュニケーションを取る。食事のとき、ストレッチのとき、少しでも時間があれば、僕はポジションの近い選手と話をして、確認作業を進めていきました。

試合前、お互いに「こうしよう」という約束事をつくるのですが、「多分うまくいかないから、試合中にも話し合いながらやっていこう」と味方には伝えています。**うまくいかない前提に立っているからこそ、限られた時間のなかで最善の準備をする。**試合ではうまくいかない事態を想定してプレーしているから、最悪のケースを回避できる。「うまくいかない」というのはネガティブと捉えられるかもしれません。しかし、僕にとっては、その考え方がポジティブな結果を導き出すのです。

限られた時間で結果を出すには

手応えをつかみ始めたのはホームのサウジアラビア戦でした。僕は試合前から蛍、（久保）裕也《ゆうや》とコミュニケーションを取ってきたので、あの試合から、ボールを奪われた直後のボランチのポジショニング、サイドバックのポジショニングが明確になり、カウンターを受ける回数がそれ以前の試合と比べて激減しました。

8月31日、勝てばワールドカップ出場が決まるオーストラリアとの大一番。僕は直前の8月27日にリーグ・アンのモナコ戦を終えて日本代表に合流したため、メンバーのなかでは一番遅い到着となり、オーストラリア戦までほとんど時間がありませんでした。だから「うまくいかないことのほうが多いだろう」という前提で、限られた時間内でチームメートとコミュニケーションを図り、様々なシチュエーションを想定して試合に臨みました。

オーストラリア戦では、ピンチになっても前線からの守備が機能していたので、体を張って止められる余力を残すことができていました。前線からの守備がうまくいかなければ無駄な動きが増えてしまい、体力だけが落ちていき、ピンチでは最後の一歩が出なくなってしまいます。そこで一歩が出て防げたことは、チームの守備がうまく回っていた証拠でした。

今回のロシア・ワールドカップ出場を決めた瞬間は本当に痺《しび》れました。ブラジル大会のアジア最終予選は、年上の選手に引っ張っていただき、それについていくのが精一杯でした。しかし、今回の予選では、試合に最初から出場することも多く、苦しい戦いを勝ち抜いて本戦へ進めたので、心の底から嬉しかったのです。

国を背負うプレッシャーで想像以上の責任の重さを感じ、予選を通じて本当に苦しい思いを味わいました。**ただ、予選中に「うまくいかない前提で最善の準備をしよう」「試合中もイメージどおりにはいかないから、その場その場で積極的に話し合いながらやっていこう」という考え方に切り替えることができたのは大きかったです。**

僕と蛍はずっと予選に出ていたので、出場権を勝ち取ったあとには「自分たちの代でワールドカップ出場が途切れたなんてことにならなくて本当に良かった。もしそうなっていたら情けなくて、恥ずかしくて、もう表を歩けなかったな」と2人とも少しひきつった笑顔で話していたのが印象的でした。

23

調子が良いときほど周囲に気を配る

普段から「優しく、丁寧に」を意識する

僕のチームメートとのコミュニケーションの取り方は、マルセイユでも日本代表でも変わりません。もっと言えば、柏レイソルのアカデミーにいた頃からほとんど変わっていないと思います。そんな僕の持論は**「自分の調子の良い悪いにかかわらず、周囲には優しく、丁寧に接することを心掛ける」**ことです。

絶好調で何をしてもうまくいくときが稀にあります。そういうときはえてして自分を見失い、周囲に対して横柄な態度を取ってしまうことも珍しくはないと思います。いわゆる「天狗になる」という状態です。

僕の能力では、日本でもドイツでもフランスでも、100%以上の力を発揮しなけ

れば通用しなかったと思っています。良いプレーをして賞賛されたからといって、3日後の試合でまた良いプレーができるほど甘い世界ではないですし、そこで悪いプレーをすれば今度は手のひらを返したかのように批判される職業です。そう考えれば調子に乗る暇がないというのが本音です。

また、自分が調子の良いときは人に対して横柄な態度を取り、悪くなった途端に媚《こ》びる人も少なからず見てきました。そういう人を見て「格好悪い」と感じ、反面教師にしてきました。

自分の調子が良いときこそ、周囲に対して気を配る。プラスの感情を持って行動に移す。その気持ちを忘れなければ、自分の調子が悪いときや大きなミスをして落ち込んでいるときに、必ず助けてくれる仲間が現れます。

これはチームメートに対してだけではなく、たとえば、ファンサービスでも同じ。僕は練習場の外で選手が出てくるのを待っているファンに対しては、必ず車から降りて対応しています。試合で勝ったときも負けたときも、それは変えません。もしかしたら負けた試合のあとは、ファンに文句を言われるかもしれないし、批判されるかもしれない。でも勝ったときだけファンに良い顔をして、負けたときには気まずいから無視するという対応の仕方は、間違っていると考えています。

チームメートと話し合いをするとき、僕は必ず相手の意見を尊重します。**相手を尊重して、互いに歩み寄ることで必ず良い結果がついてくることを実感しているからです。それと同じように僕はファンの存在も尊重したいと思っています。**

マルセイユのサポーターはフランスでも熱狂的なことで知られています。ときには本当に手厳しいことも言われます。しかし、彼らの声援のおかげでプレーができていることも事実ですし、その後押しがあったから苦しい状況でも体が動き、最後の一歩を踏み出すことができて、勝った試合もたくさんあります。

態度をコロコロ変えると、あとで損をする

調子の良いときだけファンに良い顔をして、調子の悪いときはファン対応を断る選手を、ファンは心から好きになれるでしょうか。

僕の存在を知らない人、僕に興味のない人に応援をしてもらうのは非常に難しく、相当の力が必要になります。以前はそういう人たちにも応援をしてもらいたいと考え

ていましたが、海外に来てからはファンやサポーターに「ヒロキを応援してよかった」と感じてもらえればいいと思ってプレーしています。

メディア対応でも、「調子が良いから発言する」「悪いから発言しない」ではなくて、どんなときでも淡々と丁寧に責任のある言葉を、自分なりに伝えることを意識するようになりました。

自分の調子の良し悪しで人への接し方が変わってしまえば、「あいつ、変わったな」と言われるでしょうし、それは**自分への評価や信頼感を下げることになるので、実は非常に損なこと**でもあるのです。

ただし、メディア対応においては例外があります。チームに対して苦言を呈するときや問題提起するときは、自分の調子が良ければ発言しやすくなり、発言に説得力、影響力が増す側面があるため、調子が良いときに、仲間やチームのためを思うがゆえに、多少ビッグマウス的な発言をして自分が盾になる場合があるのです。

それは、日本代表では（本田）圭佑くんやヒデさん（中田英寿《ひでとし》）がずっと続けてきたことだと思います。いまはまだ僕がすべきことではないかもしれないですが、勝っていくためにも選手同士で少しでも責任を分担できればいいし、今後は僕自身も年齢的にチームに対する批判を受け止められる立場になれたらと考えています。

第1章で、プレッシャーを受け流すために自分を過小評価してもいいという話をしました。調子が良いときに周囲の人に対して横柄な態度を取ってしまう、見下してしまう行為というのは過信が原因です。そこでも「自分はすごくないからな〜」と言い聞かせる癖をつけておけば、プレッシャーの受け流しだけでなく、自信過剰の状況も回避してくれるように思います。

調子が良いときこそ自分を見失わず、周囲には優しく真摯《しんし》に接することを心掛ける。

今日から取り入れてみてはいかがでしょうか。

24 自分の価値観を押しつけない

国籍が違ってもわかり合える理由

マルセイユの右サイドでコンビを組むフランス代表のフロリアンは、事あるごとにフランスのメディアに対して僕を称賛するコメントを出してくれます。それは、**相手を尊重する僕の意思が彼にしっかり伝わっている証拠**だと感じて、本当に嬉しいです。きっとフロリアンも「ヒロキ、伝わってるぜ」という意味合いでコメントしてくれているんだと信じています。

柏レイソル時代にコンビを組んでいたレアンドロは、僕がハノーファーに移籍したあとのインタビューで、「私と酒井は良いコンビだった」と言ってくれていたようですが、それを聞いたときは本当に嬉しかったです。

レアンドロは、柏レイソル時代の僕の先生と呼べる存在です。当時、僕はサッカー選手としては未熟だったこともあり、彼には試合中何度も怒られていました。でも、レアンドロは、そんな下手な僕に対して愛想を尽かすことなく、ポジショニングや上がるタイミングの戦術的な部分はもちろん、サッカーに対する情熱やゴールへの執念など精神的な面まで徹底的に教えてくれたのです。そのおかげで僕は良いプレーができるようになっていきました。

レアンドロは「ブラジル・ワールドカップを必ず見るから、酒井の活躍を楽しみにしている」と言ってくれていました。僕はブラジル・ワールドカップの代表メンバーには入りましたが、結局ブラジル大会では出場がなかったので、レアンドロとの約束はロシア・ワールドカップで果たしたいと思っています。

ハノーファーに移籍するときに、レアンドロがくれた彼の背番号10のユニフォームは、一緒に戦った彼と僕との信頼関係の証《あかし》だと思っていますし、移籍から6年が経ったいまでも2人の関係は変わりません。**この関係性は一生大切にしていきたい**と、それこそ師弟関係のように感じています。いま、レアンドロはJ2の横浜FCでプレーしています。シーズンオフに帰国したタイミングでは必ず会いに行くつもりです。

苦手な人でも考え方を変えれば楽しめる

フロリアンはフランス人、レアンドロはブラジル人。

僕と彼ら2人は言葉も通じなければ、国籍も、育った文化も異なります。彼らとは当然価値観の違いがありました。

「そもそも価値観が違う相手とは本当の意味でわかり合えないのでは?」と感じる人もいるかもしれません。しかし、それは誤解だと思います。

フロリアンが「僕の活躍はヒロキのおかげ」とコメントしてくれるのも、レアンドロが「私と酒井は良いコンビだった」と言ってくれるのも、お互いにわかり合えた結果だと信じています。

世の中に自分とまったく同じ価値観を持つ人は存在しません。

生まれた環境はもちろん、見た目や性格、歩んできた道のりも違うわけですから、**価値観はそれぞれ違って当たり前**なのです。そのため、相手が誰であろうが、まずは価値観が違うという前提に立ってコミュニケーションを始める意識が大切なように思います。

「価値観が異なる＝自分とは合わない」と、こちらが一方的に決めつけてしまえば、お互いの関係性はおろか、自分自身の器も広がっていかない。

苦手な人がいる場合でも「あの人とはなんか合わないんだよな」と人間関係を嘆くのではなく、**「自分の知らない考え方を持っている面白そうな人がいるな」とまずは前向きに捉えて、そんな相手に対して、どう歩み寄っていくべきかを考える**と、いまより少しは楽しく感じるのではないでしょうか。

そうした考え方が日常的にできるようになれば、人間関係のストレスはグッと減ると僕は思っています。

サッカーにおいても、これまでの自分のプレーを肯定したいがために「自分の価値観が絶対正しい」と思ってしまい、自分のサッカー観を相手に押しつけがちになる場合があります。でも、そのやり方では、押しつけられた側は、自分を否定されたように感じるので、本当の意味での信頼や連携は生まれないと僕は感じています。

25 自分の解釈をプラスに切り替える

厳しさは愛情の裏返しでもある

マルセイユに来た僕にとって、大きな出来事のひとつが、ガルシア監督との出会いでした。ガルシア監督は、2010―11シーズンにLOSCリール・メトロポールというクラブを率いて、フランスリーグとフランスカップの二冠をもたらしました。同年にはフランスリーグ最優秀監督賞を受賞し、FIFA（国際サッカー連盟）の最優秀監督にもノミネートされた名将です。リールのあとはイタリアのASローマを経て、2016年10月にマルセイユの監督に就任しました。

僕のキャリアのなかで、最高の実績を誇る監督です。

常日頃から僕は厳しいことを言われますが、選手に対してものすごく愛情を示してくれる人。また、サッカーを熟知しているため、あらゆる状況において指示が詳細かつわかりやすく、選手から「こういう場合はどうすればいいのですか?」という質問が出ても、具体的に明確な答えを出してくれます。マルセイユのような個性の強い選手たちの集まりは、一歩間違えるとチームがバラバラになる危険性もありますが、選手の個性をまとめ上げてチームとして機能させる手腕も高いのです。

2015年3月にヴァヒド・ハリルホジッチ監督が日本代表監督になり、指導を受けたときにも「こんなに要求の多い監督がいるのか」と驚きを受けたのですが、マルセイユに移籍してきたら、ガルシア監督がハリルホジッチ監督以上の要求でさらに衝撃を受けました。

そんな衝撃を隠せぬまま、ガルシア監督の要求したとおりにプレーすると、不思議と自分のパフォーマンスもチームの状況もどんどん良くなり、対戦相手を上回るプレーをしたうえで勝利がついてくるようになりました。また、サッカー選手としての成長スピードがさらに速まったという実感もあります。**「監督によってチームはここまで変わるものなのか!」**と感じたのは、初めての経験でした。

相手を拒絶すれば成長のチャンスを失う

思い返してみればこれまでも監督との出会いというのは、その都度僕に大きな影響を与えていたように思います。

小学生時代にプレーしていた柏マイティーFCの倉持行一先生からは、**サッカーの楽しさ**を学びました。柏レイソルのアカデミーで指導していただいた吉田達磨《たつま》さんからは、ピッチに立つことの責任の重さを教えていただきました。柏レイソルアカデミーの他のチームメートに比べて才能のなかった僕は、達磨さんから期待されていなかったかもしれませんし、僕がしっかりしていなかったばかりに叱られることも多かったのです。それでもサッカーの面に限らず、中高生時代から**人に対する接し方、向上心を高く持つ姿勢**を教わりました。

柏レイソルでプロサッカー選手になって、プロの厳しさや、プロサッカー選手のあるべき姿を教えてもらったのはネルシーニョ・バプティスタ監督です。僕が中途半端なプレーをしたときに「お前はポンコツ列車か！」と監督から怒鳴られたことを、昨日のことのように覚えています。

そして、マルセイユでガルシア監督からは**「プロは結果がすべて」**という言葉をもらいました。世界を舞台に戦うメンタリティを叩き込まれ、「チームとして、どう試合を進めていけば勝利できるのか」といった戦術的な戦い方、さらには相手との駆け引きなども含めて、本当に細かいところまで教えていただいています。あらゆることをどんどん吸収し成長する自分が実感できていることもあり、まるでサッカーを始めた少年時代に戻ったかのような感覚で、ワクワクした気持ちでプレーができています。

自分を信用して試合に使ってもらうことは、選手としては喜びでもあります。

よく「上司のことが嫌で人間関係がうまくいかない」という話を聞きます。それは、僕のサッカー人生に置き換えると「監督のことが嫌い」「あの監督とは合わない」ということと同じなのかと考えを巡らせてみました。

僕は、監督から手厳しい指摘をされたからといって「あの監督のことが嫌いだ」と拒絶することはありません。理由は簡単で、それでは監督との信頼関係が生まれないからです。

だからこそ、「自分の能力を認めてほしい」「自分を使ってほしい」のであれば、**まずは自分が監督（相手）のことを信頼する必要がある**と思っています。僕はいままでそうやって監督（相手）との関係を築いてきました。

僕の考え方としては、信頼関係があってもなくても、監督（相手）から厳しい指摘をされるという現実が変わることはありません。でも、**自分の解釈だけは変えることができます。**そうであれば、監督（相手）を信頼して、「これはすべて、自分の成長につながるアドバイスだ」と受け止めて、チャンスに変えていく。

もし「嫌いだから」と、その人を拒絶すれば、その成長のチャンスをも失っていることになると僕は思います。

人は成長すると、できることの範囲が広がり、さらに成長を実感できるようになると、できることが楽しくなって、また成長するために学びたいと思えるようになる。そうして、成功のスパイラルみたいなものに入っていくような気がします。

26 「リセットのスイッチ」をつくる

切り替えのルーティンは「握手」

海外に来て僕自身が大きく変わったと思うのは、気持ちの切り替えがスムーズにできるようになったことです。

サッカーをしていれば良いときも悪いときもある。もしかしたら悪いときのほうが多いかもしれません。日本でプレーをしていたときは、気持ちの切り替えができず、自分のミスで負けた次の試合は暗い気持ちを引きずっていました。また、気弱な面が出て、試合中ですらミスを引きずって、次の判断が遅れていたことなどたくさんありました。正直、そんな自分をどうにかしたいと悩んでいたのも事実です。

そんな悩みを抱えつつ、海外初挑戦でハノーファーに移籍したときのこと。

ある試合で相手チームに好き勝手にやられて、ひどい負け方をしたことがありました。海外の強豪チームと戦うとこんなにも個人の力の差を見せつけられるのかと、僕は正直へこんでいて、その気持ちを引きずったままでした。

しかし、チームメートのブラジル人選手は、次の日には何事もなかったかのようにケロッとした顔で練習場に来ていたのです。

彼らはポジティブ思考で、**とにかく切り替えが早いし、練習や試合にネガティブな感情を絶対に持ち込まない。**この姿勢は見習うべきだと思いました。

それ以来、落ち込んだとき、気持ちが乗らないときにはどうやって次に向けて切り替えたらいいのか、チームメートの行動をつぶさに観察して参考にしていきました。

そうして、僕は**切り替えのためのルーティン**をつくることができました。メンタルがそこまで強くない僕には、自分に暗示をかけることで無理やり切り替える思考にするスイッチのようなものが必要だったのです。

その考えから生まれたルーティンが**「握手」**です。試合でどれだけ自分が良いプレーをしても、逆に悪いプレーをしても、チームの結果が良くても悪くても、ロッカールームに引き上げてきたあとは、選手、スタッフを含めて一人ひとりと必ず握手を交わすことをルーティンとしました。

それによって自分自身に「切り替えろ」「前を向いてやるしかない」と暗示をかけ、気持ちをリセットするように仕向けています。

そして、次の日も必ず笑顔で、選手、スタッフの全員と「おはよう」の握手を交わします。僕としては、前の試合で一度リセットしたものに、今度は新しいスイッチを入れ直すような感覚です。どんな状況であっても、それは変えません。

困ったときこそ「笑顔」のわけとは

他に、僕が気持ちの切り替えとして意識しているのは**「笑顔」**です。ハノーファーで海外選手を観察していたときにわかったのが、みんなとにかく笑ったりして、自然体でいることでした。**日本ではおそらく一歩間違えればヘラヘラしていると勘違いされるような場面でもリラックスしていたのです。**

そこで僕もとにかく笑顔を心掛けるようになりました。すると、不思議と感情が柔らかくなり、自然と気持ちが前向きになっていきます。落ち込んだ感情を引きずり暗い表情をしているぐらいなら、笑顔でいたほうが仲間も声をかけてくれるので、より気持ちの切り替えがスムーズにいくようになりました。

また、**切り替えがうまくいくようになったことで、周囲からの信頼も厚くなり相乗効果が生まれたのです。**以前は、「ヒロキ、昨日のミス、めっちゃ引きずってんじゃん」と思われていたのが、「あいつ、もう切り替えている。気持ちの強い選手になったな」に改善されたことで仲間に与える印象が好転していきました。

やはり試合では気持ちの強い選手は信頼されます。気持ちの弱い選手だと「あいつ、大丈夫かな」と味方に不安感を与えかねません。

繰り返しになりますが、僕はメンタルの強い選手ではないです。だからこそスムーズに気持ちを切り替えて、メンタルの弱さとネガティブな感情を意図的に遠ざけるようにしています。もし思うように気持ちを切り替えられないのであれば、リセットするためのルーティンをつくり、それを反復することで自分自身に「切り替えなさい」と暗示をかけてもいいと思います。

27 「新しい」は「楽しい」

海外で活躍するための条件

海外で活躍するために必要な要素のひとつとして「適応力」が挙げられるかと思います。僕は2016年の夏に、マルセイユへ移籍するため、ドイツからフランスへ渡る決断をしました。

海外で成功を目指すのであれば、その国を知る、その街を知る。まずは、それが適応力を磨く第一歩である。僕はこの教訓を海外挑戦を通じて学びました。日本でも「郷に入《い》れば郷に従え」という諺《ことわざ》がありますが、自ら望んでフランスという地を選んだわけですから、自分がフランスの文化に合わせるのは当然です。

にもかかわらず、「この国の文化には馴染めない」と自分がうまくいかない理由をその国や文化のせいにするのであれば、海外ではなく日本に帰ってプレーすべきだと思います。

先ほどの教訓に出てきた「その国を知る、その街を知る」ためには、そこに暮らす人々との会話は欠かせませんから、やはり言葉は重要です。

また、会話だけでなく、**言語というのは、その国の文化や、そこで生活する人々のルーツを知ることにもつながる**と僕は考えています。どこから来たかがわかれば、どこに向かっているのかも理解できるように思います。

フランスに来る前はドイツでプレーしていたので、そのときにドイツ語も勉強していましたが、異なる言語を話せるようになると、新しい世界が開かれていくイメージがあって、少し大げさかもしれませんが、生まれ変わるような新鮮さみたいな感覚があったことを覚えています。

まだ僕は流暢《りゅうちょう》にフランス語を話すことはできませんが、毎日勉強しているので、周りが何を話しているのかまでは理解できるようになりました。

「変化はプラス」と捉えて適応力を磨く

当たり前ですが、日本と海外では文化における違いはたくさんあります。最初はその違いに戸惑い、ストレスを感じることもありました。でもいまの僕は、その違いをストレスとしないで、**できるだけポジティブに考えてみる思考の工夫**ができるようになりました。

ドイツでは「日曜日は家族で過ごす日」という考えがあるため、日曜日にはほとんどのお店がお休みになります。ドイツに行ったばかりの頃は、せっかくの日曜日に買い物できないことがストレスになっていました。

しかし、ハノーファーはとても住みやすい街で、治安は良く、サポーターも優しく接してくれる人ばかりでした。その環境、その場所の良い部分に目を向けてみると、「日曜日にお店が営業していない」という不満は、不思議と気にならなくなっていきました。

また、日本では何事も正確なので「荷物があと10分で到着する」となれば10分できっちりと届きますが、フランスでは10分以上待っても届かないことが多いのです。

そこで荷物が届いたとき「10分と言ったのに20分もかかったじゃないか！」と怒鳴るようであれば、フランスで生活していくのは大変だと思います。

「10分ってさっき言っていたけど、多分20分はかかると思っていたよ」と笑って相手に伝えるくらいがちょうどいい。そういった意味では、僕はフランスに適応して**「気長に待つ」**ことができるようになりました。

僕がドイツからフランスへの移籍を決断したように、誰の身の回りにも環境の変化は起こるものです。

たとえば、転勤、社内の異動、転校、クラス替え、引っ越し……。その変化をストレスに感じるより、転校して新しい友達ができる、異動で新たなプロジェクトに参加できる、引っ越した先の街で好きなカフェを見つけるなど、**変化自体をプラスに捉え、あとは新しい環境を楽しむ余裕が少しあれば、適応力は磨かれていくと思います。**

28

「いじり」は相手の思いやり

「いじり」がもたらすリラックス効果

フランスに来てからは、年に一度のシーズンオフにしか日本に帰ることができなくなってしまいましたが、ドイツにいた頃は、12月下旬から1月下旬までリーグ戦が中断するウィンターブレイクがあるため、毎年冬に帰国し、柏レイソルアカデミーの仲間と顔を合わせる機会が必ずありました。

そのときに、昔の仲間がいまでも同じように僕をいじってくれることを本当にありがたいと感じています。日本代表に選出されたり、マルセイユでプレーできていたり、自分でも信じられないキャリアを積んでいます。そのため、昔は僕のことをいじっていた人が、もういじってくれないときがあり、「もうこの人との距離は遠くなってしまったんだな」と寂しい気持ちになってしまいます。

柏レイソルアカデミー時代の仲間が「酒井は日本代表になっても、マルセイユでプレーするようになっても昔と変わらない」と言ってくれるのは本当に嬉しく思います。それは僕が変わらないというよりも、**仲間が昔と変わらず僕に接してくれるおかげで、僕も変わらないでいられる**んだと思います。

僕自身、どんなに良いプレーをしても、変わらないことを心掛けてきました。たとえば、2011年の柏レイソルでは、前年まで無名だった僕がレギュラーに定着し、オリンピック代表や日本代表に選ばれるようになったことで、メディアの僕への対応がどんどん変わっていきました。

急に大勢のメディアに囲まれるようになったため、僕自身は変わっていないつもりでも、人によっては「酒井は調子に乗っている」「あいつの自分勝手なプレーのせいで試合に負けた」と感じてしまうことがあるかもしれない。だから、それだけは絶対にないように、謙虚に初心を忘れないようにしようと思っていました。

当時、僕が良い時計を買ったり、ブランドの服を着ていたりすると、タニくん（大谷秀和）、キタジさん（北嶋秀朗）、マスくん（増嶋竜也《ますしまたつや》）をはじめとした柏レイソルの先輩方が「お～酒井、変わったな～」と、ふざけていじってくれました。急にメディアからの扱いが変わったことでストレスを感じていた僕を、**あえていじることで気持ちをラクにさせてやろう**と考えてくれていたように思います。この先輩方のいじりには本当に救われました。当時の僕はまだ21歳でしたので「調子に乗らないように気をつけよう」と自分に言い聞かせるきっかけにもなりました。

シーズンオフに帰国して、自主トレを兼ねて柏レイソルの練習に参加したときには、以前一緒にプレーした柏レイソルのトップチームの選手たちもこれまでどおり僕と接してくれます。

「酒井いじり」が世界共通である秘密

「酒井いじり」が流行《はや》っているのは日本だけかと思いきや、僕の〝いじられキャラ〟は、どうやら世界共通のようで、ヨーロッパで周囲と馴染むのに、このキャラに救われています。

たとえば、UEFAヨーロッパリーグ準々決勝の大舞台で、僕が自分の誕生日にマルセイユ移籍後初ゴールを決めたときは、試合後のロッカールームで得点のリプレイ映像を見ながらみんな大騒ぎ。仲間たちに取り囲まれ、頭と背中を押さえ込まれて、もみくちゃにされるという手荒い祝福を受けました。

また別の場面で、ディミトリからは「あ～、ヒロキはいいよな～。モナコやパリ・サンジェルマンのような強豪との試合しか出ないから、カップ戦や格下との試合はお休みだもんな。うらやましいぜ～。ワッハッハ」と冗談で言われることも。

正直、チームメートからのこういったいじりは嫌いじゃない（笑）。いじることで僕をチームの輪のなかに入れてくれようとするみんなの優しさを感じますし、むしろ、いじってくる選手のほうが僕は信頼できます。なぜなら僕をチームに引き入れようとするいじりは、本来彼らにとっては必要のない労力のはずですが、それを**わざわざ時間をかけてやってくれている**わけですから。

いじられると気分を悪くする人もいるかもしれません。でもそれは**相手が歩み寄ってきてくれている一歩である**と思ったほうがいいでしょう。彼らは本気でそう思っているわけではないし、僕はコミュニケーションの一環だと捉えています。

いじるテンポや笑いのツボが日本人とは違うので、日本でならつまらないと感じることでもヨーロッパに来てからは笑うようになりました。僕も笑うことは嫌いじゃないですし、笑えばネタとしてみんなでそれを楽しめる。

ただ、いじられたことに対して笑うよりも、冗談で怒って反応したほうが笑いが生まれる場合もあります。これは日本でもヨーロッパでも変わらないことがわかりました。**相手の話をきちんと理解して、相手がほしいリアクションをする。**

マルセイユの選手は、みんな能力が高く、フランス人選手も海外のクラブでプレーした経験があり、チームはブラジル、アルゼンチン、カメルーン、ギリシャ、ギニア、そして日本と多国籍です。そのため、みんなが外国人選手の気持ちを理解しています。どうすればチームに溶け込めるのか、彼らなりに気を遣って、コミュニケーションの一環としていじってくれているのが伝わります。

海外挑戦の経験がある日本人選手は、きっと、日本に帰ったらもっと外国人選手に優しく接してあげようと思ったことがあるはずです。僕も、Jリーグに戻ってプレーするときがあれば、外国人選手に対して仲間の輪に溶け込めるように、いじったり笑ったりしながらより良い関係を築いていきたいと考えています。

29 「自分らしい生き方」にシフトする

山頂に辿りつく方法はひとつではない

柏レイソルのプロ1年目に、先輩たちからよく言われた言葉あります。

「お前はルーキーなんだから、年上の選手にどんどん絡んでいけよ」
「あの選手に良いプレーの秘訣を聞いてこいよ」

おそらくその先輩たちは僕のことを思って助言してくれたわけですから、そのこと自体には恩を感じています。でも僕が大切にしたいのは「聞きに行け」と言われて行動を起こすのではなく、**自分のタイミングで行動すること**です。

プロになったばかりのときはまだ18歳。ましてや僕のような人見知りの性格では、いきなり話しかけてもそう簡単に話が広がるわけもありません。

よく「グラウンドでは年齢は関係ない」と言われますが、18歳の新人選手が一回りも年上のベテラン選手に気軽に話しかけるのは非常に難しいことです。もし僕と同じように人見知りの性格の選手がいたら、無理してグイグイと年上の選手に絡んでいかなくてもいいと思います。先輩をリスペクトして、少しずつ仲良くなっていけば、そのうち「あのプレーのことを教えていただいていいですか?」と質問できるタイミングは必ず訪れます。

また、僕はプロになったばかりの頃、「もっとギラギラしろ」と大勢の人から言われていました。つまりハングリー精神を持って、お腹を空かせた獣のごとく、隙あらばポジションを奪ってしまえ的なことだと思います。

しかし、**僕はその「ギラギラする」という言葉がどうも苦手でした。**

なぜなら自分と同じポジションの選手も純粋に仲間という考えが僕の根底にはずっとあるからです。むしろ、ポジションが同じであれば、なおさら一緒に切磋琢磨していきたいという気持ちがあります。

もしかすると、この考え方はプロのスポーツ選手としては甘いのかもしれません。ですが、同じポジションの選手が試合に出て、「良いプレーをしないでほしい」と考えているほうが恥ずかしいことなのではないでしょうか。

だからこそ僕はこのスタンスでなんとか成功したいと思っていました。

実績のないときに、こんな発言をすれば「甘い」と批判されたでしょうけど、このスタンスでやり続けてマルセイユでプレーできているいまだからこそ、僕の考えは間違っていなかったと胸を張って言えます。

「人は人、自分は自分」でいい

サッカー以外の競技の選手のなかにも、僕と同じようにギラギラすることが苦手で、周囲から「こいつはアスリート向きの性格じゃないな」と思われている人はいると思います。そういう人たちのためにも「そんな性格だから弱い。勝てない」と言われてしまわないように、**僕はこのスタンスで結果を出し続ける**つもりです。少年サッカーをやっている子供で、ギラギラする、ガツガツするのが苦手な子に「自分のペースでやっていけばいいいんだよ」と言える選手になりたいのです。

他にも「みんながやっているから」という理由で、無理をしてストイックな生活をしていたり、筋トレでは必要以上に負荷をかけて、筋肉はついたけどパフォーマンスレベルが上がらないと悩んでいる選手もいると思います。

選手それぞれ違ったプレースタイルがあるように、自分の性格に合ったアプローチの仕方、取り組み方があります。「みんながやっているから自分もやらなくちゃ」「やりたくないのに周囲の目が気になるから同じことをやっている」という考えではなく、大切なのはそのやり方が自分に合っているかどうか。

日常生活においても**「人と違っていて当たり前。自分は自分」**という考えを持つべきではないでしょうか。

自分の性格に合わないのにギラギラする、ガツガツする必要はないというのが僕の考えです。

第４章

勝負に強くなる

30 誰かのために強くなる

感謝は心を強くする

多くのアスリートの成功の陰には、必ず多くの人たちの支えがあります。

その方々の助けやサポートなくして、僕がここまで来ることはあり得なかった。まず、この場をお借りして命の恩人とでもいうべき人に感謝を申し上げます。

2011年、僕が柏レイソルでレギュラーを獲得したシーズンのこと。その年の前半戦は、緊迫した試合展開になると80分過ぎたあたりから、必ずドッドッドッドと心拍数が極端に上がっていました。初めてのことだったので心配になり、病院で診てもらったところ不整脈が見つかりました。走れることは走れるのですが、万一のことがあると怖いので、両親に相談した結果、夏に手術を受けることになりました。

そのときに治療してくれたのが筑波大学の青沼和隆先生です。

僕は筑波大学附属病院で10時間にも及ぶ大手術を受けました。薬を飲んで心拍数を230まで上げて、足の付け根からカテーテルを入れ、心臓内部の不整脈の原因となっている部分を焼き切るという過酷なものでした。胸が焼けるように熱く、汗が止まらない。全身麻酔だったのですが、意識ははっきりしていたので手術の記憶は鮮明です。

手術は無事終了し、翌日には退院できました。青沼先生に手術していただいたおかげで、それ以来不整脈はまったく起こっていません。


また、忘れてならないのは**家族の支え**です。

僕は中学1年から柏レイソルアカデミーに入りました。小学生時代にプレーしていた柏マイティーFCでは、「試合で3点しか取れなかったら調子が悪い」と調子に乗っていた僕が、エリートの集まる柏レイソルアカデミーに入った途端に試合に出られなくなりました。

そのときばかりは、いつも僕の試合を見に来てくれていた両親に「お願いだから、試合を見に来ないでほしい」と告げました。両親に不甲斐ないプレーを見せたくなかった僕なりの妙なプライドだったように思います。

仮に試合に出場できたとしても活躍できないので、僕はわざと自転車で遠回りをして帰るようになりました。僕は柏市の出身なので、練習場と自宅はそんなに離れていませんが、どうしても家に早く帰りたくなかったのです。

両親は僕に黙って試合の応援に来てくれていました。だから僕が家に帰ると、ほとんど出場機会もないなかで、なんとか良かったプレーを見つけて、必ず褒めようとしてくれるのです。子供ながらに「あー、両親に無理させているな」と感じて、それが本当に情けなくて……。それだけで当時の僕は泣きたくなりました。

そのことがきっかけで、親に無理をさせるのではなく、本当に自分の良いプレーを見せてあげたいと思い、自らを奮い立たせていきました。

その後、僕は少しずつ試合にも出られるようになり、コーチの吉田達磨さんからの指導を吸収しながら、実力をつけていきました。**両親に気を遣わせてしまった思春期のつらい経験は、10代の僕を強くしてくれた**と思っています。

大切な存在のために戦う人間は強い

そして、僕にとってかけがえのない存在が妻と娘です。フランスに来てからは、日本に帰るのは1年に一度だけ。慣れない土地でストレスもあるでしょうが、そのなかで僕を支えてくれて本当に頑張ってくれています。

妻とのエピソードで思い出されるのは、海外初挑戦のときのこと。

ハノーファー移籍1年目はまったくうまくいきませんでした。そのため、当時まだ彼女だった妻に**「できれば近くにいて僕を支えてほしい」**と思い、その気持ちを伝え、2年目からはドイツに来てもらうことになりました。しかし、まだ結婚前です。婚約はしていましたが、入籍して発表するのはブラジル・ワールドカップ終了後にする予定だったので、それまでは「彼女という形でドイツに来てもらっていいですか」と、妻のご両親に了承をいただく必要がありました。

お義母さんはあらかじめ内情をご存じでしたが、お義父さんにその旨《むね》を伝えるために食事会を開きました。妻とお義母さんは早めにお義父さんにその話を切り出してほしかったようです。でも、僕は早めに伝えて良い返事がいただけなかったら、食事会の雰囲気が暗くなってしまうと思い、話を切り出したのは食事会の最後、デザートが出てきてからでした。あまりにも遅すぎたので、いまでも妻からは「あり得ないからね」と笑い話にされています。

こうして僕は妻をドイツに迎え、彼女のサポートもあってハノーファーで結果を出せるようになっていきます。**間違いなく妻の内助の功があったからです。**

僕の気持ちの弱さがよく表れた典型的なエピソードだと思います（笑）。

２０１５年1月13日、ハノーファー3年目の冬季キャンプ中に娘が誕生しました。家族ができて僕の考え方は激変。それまでなら自分の悪いプレーは単に自分の責任だったのが、それからは「奥さんのサポートが足りないからだ」「子供ができたからだ」と家族が批判の対象になってしまう。**だからこそ、家族のためにも以前より「結果を出したい」という気持ちが強くなりました。**

僕のプレーの良し悪しで、家族がこの街で気持ちよく生活できるのか、それともあまり外を歩けない生活になるのかが決まってしまうのです。

初日にマルセイユの街を車で回ったのも、妻と娘が来てから困らないように街のことをあらかじめ把握しておこうという気持ちがあったからです。

僕はサッカーでストレスを発散できますが、妻と子供にはそういうところがないから、できるだけ暮らしやすい環境を提供してあげたいと思っていました。

でもいまでは、妻と子供がこの街の人たちと仲良くなってくれたおかげで、逆に僕が住みやすい環境を提供してもらっている、そんな感じです。

2人がこの街で少しでも楽しく生活できるように、僕は活躍し続けたい。

それがマルセイユでプレーする大きなモチベーションになっています。

31 「怯む」のではなく「楽しむ」

ネイマールとの因縁が教えてくれたこと

ブラジル代表で10番を背負う世界的スーパースターで、マルセイユと同じリーグ・アンのパリ・サンジェルマンに所属するネイマールとは、僕が柏レイソルにいた頃から縁がありました。

初めてネイマールと対戦したのは２０１１年のＦＩＦＡクラブワールドカップです。ヨーロッパ、南米、北中米、アフリカ、オセアニア、アジアの各大陸のチャンピオンが集うこの大会の、２０１１年大会は日本で開催されました。その年のＪリーグを優勝した柏レイソルは「開催国チャンピオン」として、この世界最高峰の大会への出場権が与えられ、僕たちはニュージーランドのオークランド・シティＦＣとメキシコの

ＣＦモンテレイに競《せ》り勝ち、準決勝で当時ネイマールがプレーしていたブラジルのサントスＦＣと対戦しました。結果は1対3でサントスに完敗。ネイマールにも鮮やかな得点を決められました。すでにネイマールはスーパースターでしたが、改めて当時のプレーを思い返してみると、常に前線に張っているだけでしたし、彼もまだ19歳と若かったせいか、チームの結果を重視するよりも自分のテクニックを観客に魅せるプレーができれば満足だったように思います。

ネイマールを含め、サントスの選手たちの能力の高さには驚かされましたが、それ以前の僕だったら、世界トップレベルの選手を目の前にして怖気《おじけ》づいていたかもしれません。でもサントス戦は、**生まれて初めて世界のトップに触れて「楽しい」という気持ちが強かった**ように思います。自分ではボールを奪えると思ったのに、ネイマールからボールを奪えなかったあの感覚は財産になりました。とにかくあの90分間は僕にとって幸せな時間でした。

その後、ネイマールはバルセロナに移籍し、２０１７年夏にパリ・サンジェルマンへやってきました。

ネイマールとの二度目の対戦は、２０１７年10月22日のリーグ・アン、マルセイユ対パリ・サンジェルマンでした。

　そのときは6年前よりも得点への意識が強くなったと感じましたし、サントス時代はボールを持ったときに輝く選手という印象でしたが、ボールを持っていないときのオフ・ザ・ボールの動きが格段に上がっていました。彼もバルセロナ、パリ・サンジェルマンという世界最高レベルのビッグクラブでプレーをして、なおかつ２０１４年のブラジル・ワールドカップ、２０１６年のリオデジャネイロ・オリンピックに出場し、魅せるプレーよりもチームの結果をより大事にするようになったのでしょう。

　マルセイユとパリ・サンジェルマンの試合では僕とフロリアンが連携し、ネイマールを徹底的にマークしました。かなり激しい守備をしていたので、僕は後半の立ち上がりにイエローカードをもらいましたが、僕が強くチャージできなくなったあとは、フロリアンを含めた他の選手たちが激しいぶつかり合いでネイマールを食い止めに行きました。

　マルセイユの選手から何度もファウルをされたネイマールは、イライラが募ったのか87分に2枚目のイエローカードをもらって退場。これはマルセイユの狙いのひとつでもありました。

ネイマールのような優れた選手を単純に抑えるだけではなく、彼の気性を考えてわざとイライラさせて、試合から追い出してしまう。もしかすると日本では受け入れられない戦い方かもしれませんし、柏レイソル時代の僕なら納得できなかったと思います。

しかし、マルセイユでプレーする世界レベルの選手たちが、**勝利のためにこうした戦い方を徹底している**のを目の当たりにし、これもまた重要な戦術だと感じるようになりました。チーム戦術とは自分たちがうまくプレーする目的もありますが、相手に思いどおりのプレーをさせない狙いもある。相手に狙いどおりのプレーをさせなければ、結果的に自分たちにとって有利な状況をつくり出すことができます。

しかし、ネイマールを退場へ追い込むことはできましたが、結果的に彼には1点を奪われ、しかもネイマール退場後の試合終了間際に同点とされてしまい、マルセイユはパリ・サンジェルマンに勝つことはできませんでした。

相手がすごいほどワクワクしてみる

3度目の対戦はその19日後の11月10日。日本代表のフランス遠征で、ブラジル代表と対戦したときです。

ここでもネイマールをイライラさせることはできたと思います。前半からイエローカードをもらわないギリギリのファウルをネイマールにしていました。また、(川島)永嗣《えいじ》さんが彼のPKを止めたのもあって、かなりフラストレーションが溜まっていたように思います。後半にネイマールが僕を叩いてイエローカードをもらった場面も、彼なりのイライラが募っていたからだと思います。

あの場面、もし僕が気性の荒い選手で、「叩かれた」と激怒してネイマールに詰め寄り、乱闘に発展していれば、ネイマールは「俺は何もやっていない」と何食わぬ顔でアピールをして、報復行為をした僕のほうにイエローカードが出ていたはずです。それではネイマールの思惑どおりになってしまいます。

もちろん、僕はその挑発には乗りませんでした。あの直後、ネイマールは「イエローカードじゃないだろ!」と納得していない様子だったので、**僕も「そんなに悪質じゃないから、別にイエローカードを出さなくてもいいと思うな」と彼の意見に同意したら、ネイマールは何も言わなくなりました。**

しかし、結果的に日本は試合に負け、3失点目は僕のミスでした。自分としても納得のできない試合になりましたが、ネイマールからすれば日本戦ではもっと華麗なプレーができるという自信があったでしょうから、それをさせなかったので一矢《いっし》報いることはできたかなと思います。

試合前、SNSにはマルセイユのサポーターから「ネイマールを絶対に抑えろ」「パリの選手には負けるな」という多数の書き込みがありました。ブラジル戦の試合会場はフランスのリールだったこともあり、マルセイユのサポーターも大勢来ていましたし、あの試合のマッチアップについては僕のマルセイユの選手としての意地もありました。

柏レイソル、日本代表、マルセイユ、それぞれのチームでネイマールと対戦してきましたが、何度やっても彼はすごい選手だなと思わされますし、もし明日ネイマールと対戦することになったら、僕は勝ちたいのでいまから急いで彼の映像を見て研究します。怯《ひる》んだり、腰が引けたりはしません。**彼のような世界的なサッカー選手と戦えることは僕にとって喜びです。**

32 準備を習慣化する

困難なときほど落ち着いて心の準備を

2017年11月に行われたブラジル戦の日本代表は、精神的にも戦術的にも肉体的にも選手全員の準備が足りなかったように思います。その状況で世界トップのブラジルに挑めば、1対3という完敗になるのは仕方がないことです。

僕たちは終始守ってばかりで、その守り方についてもチームとして明確化されておらず、パニックに陥り、前半が終わるまでずっとブラジルにボールを持たれ、圧倒的に試合を支配されている感覚でした。

しかし、**ハーフタイムに一度落ち着き、相手のスピードにも慣れ、少し精神的な準備が整っただけで後半はまったく違いました。**「前半で3点差がついて、ブラジルの選手たちの動きが落ちた」と言う人もいると思いますが、「動きが落ちた」としてもブラジルは世界トップレベルの集まりです。あのブラジル代表のユニフォームに誇りを持っている選手たちが、力を抜いてプレーするとは思えません。

フランスのリーグ・アンでプレーする僕もブラジル代表のプレースピードはかなり速いと感じました。それは僕だけではなく、海外リーグでプレーしている（長友）佑都《ゆうと》くん、（吉田）麻也《まや》くんも、ブラジル代表は「とてつもなく速く感じた」と言っていました。ブラジルは個人としてのレベルが非常に高く、組織力も洗練されていました。選手個人の能力がすごくても、チームにまとまりを欠く場合は付け入る隙がありますが、ブラジルはその隙さえも与えてくれませんでした。

ブラジル戦を通じて世界トップレベルのプレースピードに一度慣れていたので、4日後に戦ったベルギー戦では余裕がありました。ベルギーの動きが遅く見えるほど、ブラジルのプレーの速さがずば抜けていたのは確かです。

ただし、ベルギーも近年の世界ランキングでは常に10位以内に入り、現在は3位（2018年4月12日時点）にランクしている強豪国。いくらブラジル戦で慣れたからとはいえ、僕らがベルギー相手に善戦できたのは、また別の理由があったのです。

より多くの引き出しを用意しておく

たった4日間で何が変わったのか。大きな違いは準備にありました。

ベルギー戦に向けて、ブラジル戦の準備不足を教訓に、選手同士が入念にコミュニケーションを取るようになりました。プレッシャーをかける位置を確認することで、相手の出方に対して自分たちはどう対処していくかという共通意識がより明確になりました。それにより、ベルギー戦では試合中にハプニングが起きても、それぞれが冷静に対応できていたと思います。

準備とは、起こり得る未来を想定し、その事態に対応できる引き出しをあらかじめ用意しておくことだと僕は考えています。

「準備というのは、言い訳の材料となり得るものを排除していく、そのために考え得るすべてのことをこなしていく」

これはプロ野球のイチロー選手の言葉で、まさにそのとおりだと非常に感銘を受けました。

一般的に、抜かりなく準備ができている人というのは、**準備を習慣化している**ように思います。またそうした人ほど、基本的に落ち着いている印象があり、動じない雰囲気を持っています。

普段から、あらゆる事態を想定し、多くの引き出しを持っていることが「何が起きても大丈夫」という自信につながり、その自信が落ち着きを生み出す。

つまり、**入念な準備は気持ちを整えることにつながります。**

僕自身、なかなか自分に自信が持てない性格ということもあり、人一倍準備を大切にしています。

なかには「試合をやっていれば、徐々に対戦相手の特徴がわかり、プレーに慣れてくる」と言う選手もいますが、いくら89分間良いプレーができていたとしても、もし最後の1分で準備不足による失敗が起きれば、すべてが台無しになってしまいます。

僕が準備を大切にしているのは、勝利への確率をいかに99・9％に近づけられるかが、プロフェッショナルの仕事だと考えているからです。

33 「実力不足」と「準備不足」の違いを見極める

対峙する前に勝負は決まっている

サッカーではボールのあるところが必ずフォーカスされます。得点シーンもそうですが、ボールを持ってドリブルを仕掛ける選手と、それを食い止めようとする相手選手のマッチアップは見応えがあります。でも僕は、**相手選手にボールが渡り、自分と対峙《たいじ》した瞬間にはすでに7割がた勝負はついている**と思っています。

リーグ・アンでは個の能力の高いアタッカーが多いため、ボールを持った選手に有利な1対1の状況をつくられてしまうと、その勝負にはほとんど勝てません。特に優れたアタッカーはテクニックがあるうえに間合いの取り方がうまく、駆け引きにも長《た》けていますから、こちらがボールを奪おうとアクションを起こすと、奪いに出ていった動きの逆をつかれて一瞬でかわされてしまいます。かと言って、奪うことを躊躇《ちゅうちょ》していると ラインが下がっていき、自陣の深い位置まで侵入されてしまう。

だから**ボールが対峙する選手に渡る前が僕にとっては勝負。**逆サイドにボールがある状況でも、僕の目の前の相手はどのエリアでパスをもらおうとしているのか、次にどういう動きをしようとしているのかを予測しつつ準備を進めていきます。

たとえば、インターセプトを狙うにしても、自分がこの相手に対して、どこの位置で準備をすれば狙いどおりインターセプトができるのかを考える。そのときにグラウンドのどこにボールがあるのか、あるいは対峙するアタッカーの特徴でもボールを奪うポイントは変わってきますし、味方のフォワードがボールホルダーにどのようなプレッシャーをかけるかでも局面は大きく変わっていきます。

声をかけて味方を動かし、ボールホルダーにプレッシャーをかけさせて、狙いどおりの守備の形をつくれたときは、準備がうまくいったということなので確実にボールを奪うことができます。良い準備ができていれば味方のサポートもあるから、たとえ僕がボールを奪えなかったとしても、カバーに回ってくれた味方が奪ってくれます。

逆に準備不足の状態では、簡単に相手の突破を許し、あっけなく失点するケースが多いのです。

勝つためにやるべきことはすべてやり切る

僕はハノーファーで最低限の守備力を身につけ、マルセイユでガルシア監督と出会って高度な守備戦術を学びました。**ボールがまだ来ていないときから勝負は始まっていて、守備には良い準備が大切だ**ということは、ガルシア監督の指導から僕自身が導き出した見解です。

ガルシア監督は勝負に対するこだわりが非常に強い人です。たとえば、フリーキックの壁については、こんなエピソードがあります。

ガルシア監督は「フリーキックの壁の距離は9・15メートルとあるが、それはルール上のことであって、実際にそれを蹴るときに9・15メートルでなくても罰せられることはない」と言います。だから監督は「レフェリーに気づかれないように少しでも前に出て、キッカーとの距離を縮めろ」と僕たちに要求します。これは、マルセイユに来る前の僕にはまったく考えられない発想でした。確かに海外のリーグを見ていると、壁の選手が小刻みに前へ出ていき、蹴る側がレフェリーに「前に出ているぞ」と文句を言ってアピールする場面があります。

攻撃のフリーキックのときも同じように、「ファウルを受けたときの位置から少しでもゴールへ近づき、自分の蹴りやすいポイントで蹴りなさい」と監督は言います。逆に相手がそうやって位置を変えたときは「すぐにレフェリーに文句を言って、蹴る位置を戻させろ」とも言いますし、もし僕たちがそれをアピールせずに相手にフリーキックを蹴られて失点をしようものなら、監督はかなり激しい口調で怒鳴ってきます。

ガルシア監督が僕たちに伝えようとしている真意は、**「勝つためには、やるべきことをすべてやり切れ」**ということです。

すべてやり切ったうえで試合に負けたのなら、それは単なる実力不足。「もっと練習しよう」と思えますが、準備不足で負けたときほど悔しいことはありません。「やるべきことをやらなかったから失点をした」「事前に対戦相手の研究を怠ったから負けた」ということは、裏を返せば「やるべきことをやっていれば失点を防げた」「事前に相手の研究をしていれば勝てた」ことを意味します。

物事がうまくいかない場合、準備不足が原因であることが多いと僕は思います。

34 勝負事に言い訳は通用しない

勝利の確率を高めるには

サッカーは不確定要素の多いスポーツです。

足を使いますし、常に味方も相手も動いている。

また、スタジアムによって深い芝もあれば、短い芝もあり、その状態によってピッチの上をどうボールが走っていくのかが変わってしまいます。必ずしもピッチ状態の良いスタジアムばかりではないので、バウンドが思わぬ方向へイレギュラーすればアクシデントが発生することも。

そのため、カップ戦では下部リーグのチームが1部リーグのチームに勝つ「番狂わせ」も起こります。莫大な資金力のあるクラブが質の高い選手を揃えていれば勝利の確率は高くなるとは思いますが、それでも**100%勝てる試合がないのがサッカー**です。20本のシュートを打たれて、圧倒的に押し込まれ、内容的には負けてもおかしくない試合でも相手のシュートミスに助けられ、逆にこちらが打ったたった1本のシュートが決まって1対0で勝つという、運に左右されるような試合もあります。

対戦相手を研究して、対策を立てて、何度もミーティングをして試合に臨んだけど、いざ試合が始まったら相手がまったく違う戦い方をしてくる場合もある。

実際の試合ではうまくいかないことのほうが多く、「こういう戦い方をすれば必ず勝てる」というマニュアルはなく、勝つための正解はない。

それがサッカーの難しさであり、面白さでもあります。

そのなかで、**勝利の確率を上げていく作業がどれだけできるかが重要**になります。

勝負に絶対はない

僕はヨーロッパに来てから勝利に対する思考が変わりました。

こちらで求められるのは、目に見える結果、勝利こそすべて。結果を出さなければ評価されない。

「負けたけど内容は良かったから、この負けは次につながる」という言い訳は通用しません。負けには必ず負けたなりの原因があり、それを課題として受け止めて改善しない限り、勝利を手にすることはできないのです。

試合に勝っても改善しなければいけない部分は絶対に出てくるので、その課題から目を背けずに次の試合に向けてチャレンジを続ける。

最近は日本のメディアから「酒井はマルセイユに行って守備力が高くなった」という評価をいただきます。それはありがたいことですが、僕としてはたまたま相手を止められたことが評価されただけであって、正直まだまだ止められないことのほうが多いです。

6月のロシア・ワールドカップでコロンビア、セネガル、ポーランドに勝利するためには、相手が怖がるような守備をしなければいけないと思います。もちろん相手にケガをさせてはいけませんが、球際の激しいプレーで体をぶつけたり、ガツガツとボールを奪いに行くことで、相手に少しでも「あいつ嫌だな」「あいつの守備、やりづらいな」と思わせることができれば、試合中には心理的にも優位に立てますし、勝利の確率は上がっていくと思います。

「勝負に絶対はない」

使い尽くされたフレーズですが、いまはその言葉を実感せずにはいられません。

これはスポーツの試合に限った話ではないと思っています。

たとえば、あなたが昔から実現したいことがあったとして、自分でも年齢的に難しいかなと思いつつ、それを誰かに相談したところ、「そんなの絶対うまくいかないよ」と言われたとします。

そこで普通は「やっぱり、そうか。現実は厳しいもんね」と諦めてしまうことが多いように思います。

でも、よくよく考えてみてください。

「勝負に絶対がない」という発想で考えれば、先ほどの「そんなの絶対うまくいかないよ」という発言のほうが、そもそも間違っているのではないでしょうか。

まだやってもいないことを「不可能」と決めつけるのは、単なる先入観のように思いますし、誰かに決めつけられることでもありません。

可能性というのは、自分が思っている以上にもっと高いところにあるように僕は思います。

35 運を味方につける

自分がやれることはすべてやる

柏レイソルやハノーファーでプレーしていた頃、僕はルーティンを気にしていませんでした。しかし、マルセイユでチャレンジすることは、僕にとって大きなチャンスであると同時に、このチャンスを逃したらもう次はないという予感もありました。そして、運を味方にしなければ、この世界最高峰のクラブでは成功できない……。自然とそう考えるようになりました。

「運を引き寄せるために自分がやれることはすべてやる」

そんな思いから、僕は試合前のルーティンをつくるようにしました。

まず、試合2日前にはクラブハウスでマッサージをしてもらい、自分の車も一緒に戦いに行くという意味を含めて試合の2日前には必ず洗車をします。

試合前日は自分で家の掃除をして、**トイレは特に綺麗にする。**あとは日本から持ってきた仏壇があるのですが、試合当日は家族全員でお祈りをしてから出発します。これらはすべて、ほんの少しでも運を味方にしたいと思ってやっていることです。日本代表の試合があるときも、遠征に行く前に同じルーティンをやってから出発します。

他にもマルセイユのリーグ戦ではくパンツ、カップ戦用のパンツ、代表用のパンツを使い分けていますし、腕時計もホーム用、アウェー用があります。これらはゲン担ぎです。

試合直前は、ピッチ上でお祈りをする。入場の際にピッチに入るときには必ず芝を触って、グラウンドに「お願いします」という気持ちを伝える。あとは、試合中に悔しいプレーがあったり、フラストレーションが溜まっても絶対に芝を叩かないし、芝に唾を吐かない。柏レイソルアカデミーにいた頃はさんざんグラウンドを叩き、「酒井は地球を叩いて悔しがる」と言われていたこともありますが（笑）、いまはグラウンドや芝に対して感謝の気持ちしかありませんから、そうした行為はやめました。

これらはすべてマルセイユに来てから始めたことです。運を引き寄せるために始めたというのは先ほどもお伝えしたとおりですが、何か新しいことをやったときに試合で結果が出ると「じゃあ、次の試合でも続けてみよう」という形で、やることがどんどん増えていっています（汗）。

こんなにルーティンにこだわっているわけですから、家族からすれば面倒臭いかもしれません。でも僕がこれを真剣にやっているとわかっているので、家族もいまのところは真剣に付き合ってくれています。

運を引き寄せるためにも感謝を忘れない

ヨーロッパの選手は、みんな「サッカーの神様」を信じています。彼らは試合前にお祈りもするし、良い結果が出たらサッカーの神様に感謝を捧げています。日本にいたときは、神頼みには少し恥ずかしい気持ちがありました。でもこっちに来て、そんな真剣な彼らの姿を見て、僕のほうが恥ずかしいという気持ちになったのです。

考えてみれば、**僕のサッカー人生は常に運に助けられてきました。** 運の良さでここまで来られたと言ってもいいぐらいです。

２０１１年に、僕は柏レイソルでレギュラーポジションをつかみました。でも前年まで右サイドバックのレギュラーだった小林祐三くんが移籍していなければ、僕にチャンスは回ってこなかったかもしれません。

実際に僕はその年のＪリーグ開幕戦はメンバー外でしたし、リーグ戦が中断して、その間に行われた指宿《いぶすき》キャンプでたまたま良いプレーを見せることができたから、ネルシーニョ監督がリーグ再開初戦の大宮アルディージャ戦で起用してくれたのが最初のきっかけだったように思います。僕は、あの成熟したチームに引っ張っていってもらっただけで、幸運にもリーグ優勝を経験させてもらい、Ｊリーグベストヤングプレーヤー賞もいただき、ベストイレブンに選出されました。

日本代表では、２０１４年にハビエル・アギーレ監督が就任してから代表に呼ばれることはありませんでしたが、２０１５年３月にハリルホジッチ監督が就任すると、また日本代表に呼ばれるようになりました。

僕のような選手がここまでやってこられたのは、莫大な運が自分に降り注いでいるからだと思っています。だから、ここまで自分を導いてくれた運を逃したくないという気持ちが強いのです。

運を維持するためにも、自分の家や車を常に綺麗にしておく。プレーさせてくれるグラウンドやピッチへの感謝の気持ちを忘れない。

また、僕はこれまで所属クラブでは30番、4番、2番、日本代表では21番、19番を付けさせてもらいました。ラッキーナンバーや、この番号を付けたから運が良くなるという考えではないですが、**自分がこれまで付けた番号にはすべて恩を感じています。**なかでも柏レイソル、ハノーファー、ロンドン・オリンピックで付けた4番、マルセイユの2番、いまの日本代表で付けている19番には特に感謝しています。番号の重みを感じ、「付けさせていただきます」という思いが強いです。

普段身に着けているアクセサリーにも4の数字が入っています。これはいつか柏レイソルに戻ったときに、また4番を付けられればいいという思いで身に着けているのですが、僕が戻ったときにはすでに4番を付けている選手がいるでしょうから、その選手の存在を尊重して、僕は44番でもいいですし、足した数が4でもいいと思っています。

36 心を強くすればチャンスも活かせる

パフォーマンスを高める「安心感」

僕が過去の自分を唯一褒めてあげるとしたら、運良く巡ってきたチャンスで、結果を残してきたことです。

J1リーグのデビュー戦になった大宮アルディージャ戦は、前半はまったく何もできず「やばい、やばい」と焦りながら時間だけが過ぎていきました。ただ、柏レイソルのチーム全体としての出来が良くなかったため、ネルシーニョ監督が後半からシステムを4－4－2から4－2－3－1に変え、僕の前のポジションには柏レイソルアカデミー時代からのチームメートで、1学年後輩のバラ（茨田《ばらだ》陽生《あきみ》）が入りました。

気心の知れた選手が前にいることで安心し、プレーがしやすくなったのは本当に幸運でした。安心感がこれほどまでに自分のプレーを向上させるとは正直驚きました。やはり、**目には見えないメンタル部分こそパフォーマンスを発揮するには重要だ**と改めて学びました。レアンドロが得点を決めてチームは1対0で勝つことができ、僕もバラのおかげで後半は良いプレーができたと思います。

ネルシーニョ監督は、次の試合でも僕をスタメンで試してくれました。そのヴァンフォーレ甲府戦で僕のクロスが決勝点につながり、J1でやっていける手応えをつかみました。

続くモンテディオ山形戦は1対2で敗れ、本来ならここで僕が外されてもおかしくはなかったと思います。しかし、ネルシーニョ監督は、もう1試合僕にチャンスをくれました。

「気持ちを強く持って立ち向かえばJ1でも通用する。弱気だけはやめよう」

そう思って入った試合が、浦和レッズ戦です。

レアンドロとの連携で右サイドを突破した僕は、試合開始から1分も経たないうちにキタジさん（北嶋秀朗）の先制点をアシストします。ネルシーニョ監督から与えられたチャンスをものにし、浦和レッズを相手に良いプレーができて3対1という完勝に貢献できました。この試合でレアンドロとの関係にも自信が持てるようになり、僕のなかでつかみかけていた手応えが確信に変わった瞬間でした。

大宮アルディージャ戦、ヴァンフォーレ甲府戦、浦和レッズ戦と、僕に運が降り注いだ試合で幸運にもチャンスを活かすことができました。当時は運を引き寄せるルーティンがあったわけではなく、「結果を残せたのは運が良かったから」としか言いようがありません。

僕が大事にしている3つの心掛け

それでも、当時といまで変わらないことを挙げるとすれば、些細なことかもしれませんが、**「仲間を大切にする」「相手の意見を尊重する」「ファンの方からサインや写真を求められたときに断らない」**という3つを心掛けていることです。

善《よ》い行いをすれば善い結果が得られ、悪い行いには悪い結果がもたらされる。そんな「因果応報」が僕の身に働いたのかもしれません。

最終的に柏レイソルは2011年のJリーグで優勝しました。僕はやっと試合に出られるようになったシーズンだったので、勝っているチームに入れてもらうことができたという印象が強く残っています。だから「あのとき、なんで優勝できたの？」と聞かれても理由はわかりません。優勝を決めた12月3日の最終節、アウェーの浦和レッズ戦は、柏レイソルを応援してくれる人に少しでも喜んでもらいたいという思いでプレーをしていました。

だからヨーロッパでの挑戦を終えたあと、いつの日か柏レイソルに戻り、再びリーグ優勝を経験して、今度は自分の口で優勝の理由を説明できるようになりたい。それが、僕がいま抱く夢のひとつです。

37 自分の住んでいる土地や街に愛情を持つ

海外初挑戦での忘れられない後悔

アカデミー時代を含めて僕は柏レイソルで9年半を過ごし、ハノーファーには4年いました。

いま、マルセイユでは2年目のシーズンを戦っています。

これまでの僕の経験上、そのクラブを応援してくれる人々やその街を愛することが成功を収めるのには大事だと思っています。

しかし、柏レイソルやマルセイユに比べ、唯一悔いが残るのがハノーファーです。

僕が海外に移籍するとき、最初に声をかけてくれて、一番熱心に誘ってくれたのがハノーファーでした。

複数あったオファーからハノーファーを選んだのは、その熱意に心を動かされたからです。

いまでも覚えていることがあります。

ハノーファー移籍直前に、柏レイソルのスタジアムで記者会見を行ったときのことです。記者の方から今後の目標について質問され、「ハノーファーは自分のヨーロッパのファーストクラブとしてはいいと思う。ここで結果を残して、ゆくゆくはもっと大きなクラブでプレーがしたい」と答えました。

移籍前から、ハノーファーをステップアップの場所と考えていたのは、いま思えば非常に申し訳ないことですし、そういった気持ちで入団したことには悔いが残っています。初めからもっとハノーファーの街を愛すべきでしたし、チームを愛すべきだったと思います。

街への愛情と出場機会の不思議な関係

いま振り返ると、ハノーファーを世界一のクラブにするぐらいの気概が、当時の僕には必要だったように思います。

結局、僕がハノーファー移籍1年目にうまくいかなかった原因も、ケガやコミュニケーションの問題以外に、意識の欠如というか、気持ちの問題もあったと思います。2年目以降に、ハノーファーの街をもっと知ろうとそれを行動に移すようになると、不思議と出場機会が増えていきましたから、**その街への愛情は顕著にプレーに現れることを実感**しました。

ハノーファーでの反省があったので、マルセイユではこの街に住む人から応援してもらうためにも、まずは僕がこの街をとことん好きになろうと早速行動に移すことに。マルセイユに来た初日から、時間の許す限り車でいろいろと回りました。そのおかげで、この土地の風景や空気感、そこに暮らす人々を肌で感じることができました。

そのクラブや街に愛情を注いでプレーすることは、自分にポジティブなエネルギーと運をもたらしてくれます。

柏、ハノーファー、マルセイユ、この3つの街でプレーした経験が、僕にその大切さを教えてくれました。

第５章

僕が僕であるために

38

「慌てない」「冷静」「リラックス」の流れを意識する

気持ちに余裕ができると状況が変わる

マルセイユに来てから自分でも驚くほどプレーの安定感が増したと感じています。その理由を自分なりに分析した結果、**難しい状況でも冷静さを保てるようになった**ことが大きな要因のひとつとして挙げられます。柏レイソルやハノーファーにいた頃と比べ、プレーの波はかなり少なくなりました。

さらに、安定感が増したことで気持ちに余裕が生まれ、それによって戦況を把握し、最善のプレーを選択できるという成功のスパイラルにどんどん入っていったような感覚もあります。

以前の僕は気持ちに余裕がないことも多かったため、試合の流れが悪くなるとついイライラしてしまい、突発的にレフェリーや相手選手にその感情をぶつけてしまうことがありました。とはいえ、レフェリーに対し暴言を吐いたり、相手選手に悪質なファウルをするわけではなかったので、正直に言えば当時の僕はそんなに気に留めていなかったように思います。しかし、2012年の柏レイソルでのシーズン序盤戦、不満げな表情をした僕が両腕を広げて相手選手やレフェリーにアピールする、その姿が良くないとキタジさん（北嶋秀朗）から注意を受けたのです。

チームは前年にJリーグで優勝し、僕はベストヤングプレーヤー賞を受賞したばかりだったので、周りの人から見れば「酒井は自分がチームの中心だと勘違いしているんじゃないか」と思われかねない状況だったように思います。もちろんそんなつもりはなかったのですが、**無意識にやっていたことなので、キタジさんに注意してもらえなければ気づくことはなかった**と思います。間違いをきちんと正してくれる先輩がいて、本当に恵まれていました。

僕は「わかりました。気をつけます」と素直にその態度を改めようと思いましたし、自分にも強く言い聞かせました。でもすぐに改善できたわけではありません。ハノーファー移籍後も気をつけていたつもりが、試合がうまく進まずにイライラが募ると、つい相手選手やレフェリーに対して不満を漏らすことはあったと思います。

第1章で「信頼関係を築くために、味方に対して否定ではなく尊重から入る」という話をしましたが、自分を客観的な視点で見たときに「はたして僕は対戦相手やレフェリーを尊重していただろうか?」という疑問を持ちました。そこで第三者の目線で感情的になっている自分を想像してみたところ、相手に食ってかかる行為が見苦しいとさえ感じました。

自分の能力を最大限発揮できる3ステップ

サッカーでは球際の激しいプレーは不可欠です。でもイライラが募り、感情的になってしまえば、我を忘れて相手にケガさせてしまうかもしれない。相手がケガをしなかったとしても、僕が最初にファウルをしたり、不満をぶつけることで、今度はそれに反応した相手が報復行為をしてくる可能性だってあります。対戦相手といっても同じサッカー選手同士。そういう意味では彼らは仲間でもあるわけです。サッカーをやっている以上ケガは避けられませんが、悪質なプレーによるケガの確率はできるだけ減らさなければならない。そう考えると、相手選手やレフェリーへ不満をぶつける行為自体「無駄だな」と思えてきました。

そうした心の変化を経て、いかなる状況においても、まずは**「慌てない」**こと、次に**「冷静」**でいること、そして究極は常に**「リラックス」**した状態でいること、**この3ステップを意識する**ようになっていったのです。すると不思議と気持ち的に余裕が生まれ、戦況を的確に読めるようになっていきました。

目に見えて大きな変化が現れたのは、自分自身苦手にしていたアウェーの試合でした。昔から僕は、対戦相手の観客やスタジアムの雰囲気に飲まれてしまい自分のパフォーマンスが発揮できないことが多々あったのです。特に海外へ初挑戦したドイツのブンデスリーガでは日本とのスケールの違いに圧倒されたのを覚えています。

アウェー戦で大切なのは、相手を勢いに乗らせないことです。そのためには、観客の盛り上がるポイントで相手チームのチャンスをいかに食い止めるかが重要になってきます。たとえば、味方がボールを奪われてカウンターを受けたとき、僕があらかじめそのカウンターを予測して相手の攻撃の芽をつぶせば、チャンスをあっさりフイにした対戦相手のサポーターの歓声は、瞬時に溜息へと変わります。

僕が現在所属しているマルセイユとパリ・サンジェルマンの「フランス・ダービー」は、世界的に見てもスタジアムの熱気とメディアの注目度は別格。そんな試合で、自分の好判断により相手の攻撃を食い止め、敵地のスタンドが静まり返る雰囲気をつくり出せたときは本当に快感でした。

結果的に、「嫌だな……」と思っていたアウェー戦は、いまでは「こう戦えば勝てるだろうな」という前向きな考え方に変わっています。

たとえ**自分が苦手とする状況と対峙しても、「慌てない」→「冷静さを保つ」→「リラックス状態へ」の3ステップを意識すれば、自らの能力を発揮して活躍する場面をつくることさえできる**のです。

39

マイペースを大事にする

自分だけの「至福の時間」を見つける

練習を終えたチームメートがシャワーを浴び、次々と帰宅していくなか、僕は自分のペースで体のケアをして、サウナに入って、マッサージを受け、スタッフ以外は誰もいないクラブハウスで1人シャワーを浴びている。まさに至福の時間とはこのこと。そうしてゆっくりと帰り支度をして、最後に帰るのがとても心地よく感じられるのです。

最近になって自覚したのですが、僕はどうも**マイペースな性格**のようです。

試合前のウォーミングアップでは必ず列の最後尾に並んでいます。その理由は他の選手と距離を開けて、自分のペースでウォーミングアップをやりたいからです。列の途中では、後ろから来る選手に迫られている感じがして、落ち着いてアップに集中できません。

ハノーファー1年目は苦しいシーズンではありましたが、自分の時間が増えたことは救いでした。練習が終わったあとの1人の時間は、テレビを見たり、勉強をしたり、買い物をしたり、なんでも自分のペースで行動ができる。マイペースな性格でなければ、ドイツの生活に慣れるのにもっと多くの時間がかかっていたかもしれません。

柏レイソル時代は先輩と食事に行くこともありましたし、もちろんそのときは相手に合わせることはありました。しかし、**必要以上に仲間や友人の生活リズムに合わせてばかりいると、自分のタイミングでやりたいことができず、挙げ句の果てには人に振り回されて、ストレスが溜まってしまう**と思います。

人間関係でストレスを抱えない3つの行動

酒井流マイペースの極意は**「自分は自分。人は人」**と思えるか、そして**「他人の目を気にしすぎない」**の2つです。他人の目を気にして行動すると疲れますし、僕はとにかく「無駄な時間」が嫌い。だから他人の目を気にして行動するのは、はっきり言って、人生でもっとも「無駄な時間」というのが僕の意見です。

僕のマイペースな性格は、ドイツでの生活を経てより強固になった気がします。妻が娘をしつけのために叱っているときも、僕は「叱って子供に理解させるよりも、時間はかかるかもしれないけど、子供が自分で問題に気づいて理解してくれるほうがいいんじゃないかな」なんて言ってしまいます。叱るのが良いかダメかという議論ではなく、周りはそういうふうにしつけているけど、僕はそうは思わないという考えをきちんと妻に伝えたかったのです。

マイペースを貫いても、ハノーファーでもマルセイユでも仲間とは良好な関係を保てているので、人間関係に悪い影響を及ぼしているとは思えません。

もし、人間関係で悩んでいる人がいたら、他人の目を気にしすぎたり、無理をして相手のペースに合わせたりすることを意識的にやめてみるのはいかがでしょうか。やはり、人に合わせてばかりいてはストレスを抱えやすいように思います。

そのため、相手の反応を気にせず**「ちょっと図々しいかな」と思うぐらいで応対し**てみる。「素の自分を出しても大丈夫」と思って、**自然体で自己主張**してみる。そして、**1人でゆっくりする時間をつくってみる**のがいいと思います。

40 「人との出会い」にこそ大きな学びがある

僕がずっと尊敬している先輩

これまで多くの人と出会い、その人たちから様々なことを学ばせていただきました。僕は正直メンタルの弱い人間だと思います。そんな僕が**「この人のように堂々と振舞える人間になりたい」**と人間性や内面的な部分で目標としている人のうちの1人、それは柏レイソルのキャプテンを務めるタニくん（大谷秀和）です。

タニくんは僕と同じ柏レイソルアカデミー出身で、年齢は僕より6歳上。僕が柏レイソルアカデミーにいた高校3年のときには、すでにトップチームでキャプテンを任されていました。試合では常に安定したプレーと高いクオリティーを発揮し、チームの仲間への気遣いやピッチ外での気丈な振る舞いも含めて、良い影響しか受けていません。

柏レイソルアカデミー出身の後輩はみんな、タニくんに憧れてその振る舞いや行動、なかには着ている洋服のブランドまで真似する人もいました。それほどの影響力を持った先輩です。シーズンオフに日本に帰り、自主トレを兼ねて僕が柏レイソルの練習に参加したときには、タニくんは昔と変わりなく接してくれます。

近い将来、僕が海外挑戦を終えて柏レイソルに戻るようなことがあれば、タニくんのような振る舞いをしてチームを引っ張っていけたらと思います。

あらゆる人の人間性に触れてみる

2017年に、交流があって大きな刺激を受けた人がいます。それはラグビー選手の五郎丸歩《ごろうまるあゆむ》さんです。競技は異なりますが、当時、五郎丸さんがRCトゥーロン、僕がマルセイユ、同じプロヴァンス地方のクラブでプレーしているということで、とある対談をきっかけに交流が始まりました。

当時の五郎丸さんは世界でも有数の強豪クラブに所属していたこともあり、なかなか試合に出られないもどかしさがあったように思います。僕も同じ経験をしたことがあるので、五郎丸さんが言葉に出さずとも痛いほどその心境はわかっているつもりでした。

しかし、実際にお会いさせていただくと、五郎丸さんは真摯な立ち居振る舞いでプロフェッショナルな応対をされており、僕の勝手な妄想が恥ずかしくなるほどでした。さらには、僕のような若造を家に招待してくれて、一緒に食事をして、ラグビーのことをまったく知らない僕に丁寧にルールを説明してくれました。僕の家族と接する際も真摯な姿勢で、真のプロとはまさにこの人のことだと感銘を受けたのを昨日のことのように覚えています。同じアスリートとして、1人の人間として尊敬しています。

僕がタニくんや五郎丸さんの姿勢や生き方を見習うように、先輩、友人、同僚、後輩など、**きっと誰の身近にも目標になる人がいるのではないか**と思います。その人の人間性に触れて「あの人のようになりたい」――と願い、意識してその振る舞いを真似ることは、1人の人間として確実に成長へとつながるはずです。

41

睡眠の質を高めて賢く生きる

集中力アップの極意は昼寝にあった

マルセイユに来てからの2年間、試合中はそれまでに増して考えながらプレーをするようになりました。僕はディフェンダーなので、常に予測してプレーする必要があります。刻一刻と変わる戦況を瞬時に把握して、「いまはもう少しポジションを中央に取ったほうがいい」「相手選手が2人残っているから、僕は後ろにいよう」「相手選手は1人しかいないから、もう少し前めにポジションを取って、相手がカウンターに出てきたらすぐにつぶせる位置にいよう」と思考を巡らせています。そのため、試合終了後は肉体的な疲労だけではなく、頭の疲労も感じるようになりました。

3日に1試合を戦うわけですから、肉体的な疲労があるのは当然ですが、同時に頭の疲労も蓄積されていきます。頭が疲れていると集中できませんし、集中できなければ試合では致命的です。もし体の疲労が回復していたとしても、体を動かす指令を出すのは脳ですから、頭の疲労を回復させない限り体は動きません。

柏レイソル時代、ハノーファー時代も睡眠には気を遣っていましたが、それは夜寝て朝起きるという単純なものでした。ただ、**現在は睡眠のとり方が以前よりもだいぶ変化しています。**きっかけはキックオフ時間の違いです。Jリーグやドイツのブンデスリーガでは、夜の試合は19時からで、遅くとも20時開始でした。それに対してフランスのリーグ・アンでは21時キックオフの試合があるのです。そうなると試合終了は23時頃。そこからクールダウンをして、シャワーを浴びて、取材対応をしてから帰宅するとなると、日付が変わってしまいます。

そこで、**昼間の空いた時間に昼寝を取り入れてみました。**試合の日は昼寝だけで2時間眠るときもありますし、普段も30分程度の昼寝タイムを必ず設けるようにしています。この昼寝習慣を始めてから、頭の疲労を溜めることなく、集中力アップと集中できる時間の持続性アップを実感できました。頭がクリアになると自然と体も動かしやすくなります。間違いなくパフォーマンスの向上に直結しています。

柏レイソル時代は昼寝の習慣はありません。ハノーファーでは昼寝をするときもありましたが、どのタイミングで昼寝をするかまでは深く考えていませんでした。サッカー選手全員が同じように昼寝をして睡眠時間を増やしているわけではないですが、僕はマルセイユで自分に合った集中力アップの方法を見つけることができたと思います。トータルすると平均の睡眠時間は9時間。試合の日はもっと睡眠をとります。いまでは日本代表の試合のときでも昼寝をしますし、夜もしっかり眠ります。

効果的な睡眠をとるための3つのルール

誰でも睡眠不足の状態ではパフォーマンスは低下していきます。注意力が散漫になり、仕事でも勉強でもイージーミスを起こしがち。そんなときには思い切って昼寝をしてみるのはどうでしょうか。

ちなみに、睡眠時間はもちろん大切ですが、それ以上に僕が意識しているのは、いかにして睡眠の質を高めるかということです。そのために、僕が必ず守っている3つのルールをご紹介します。

ルール①は、寝る前はできるだけリラックス状態をつくることです。僕は3歳の娘と一緒に寝るのが日課になっているため、自然と心が穏やかな状態で入眠することができています。こういった面でも家族の存在は本当にありがたいなと思います。しかし、試合前日だけはクラブハウスに泊まることにして、試合モードへ切り替えるスイッチを自分なりに入れる工夫をしています。**睡眠環境を変えることでオンとオフの使い分け**をしているのです。

ルール②は、昼寝でも夜寝るときでも、絶対にサッカーのことだけは考えないように心掛けています。これは僕の癖ですが、サッカーのことを考え始めると頭のなかでいろいろと思考が高速回転してしまい、脳が疲れてしまうのです。僕はメンタルが弱いので、特にビッグマッチの前日などは敏感になり、プレッシャーやストレスを感じやすく、逆に目が冴えてしまうなんて経験をしてきたので、あえて考えない、フォーカスしないように訓練してきました。

ルール③は、睡眠時は光を遮断する。お昼寝タイムでもカーテンを閉めて、外の光が入らないようにしています。反対に、起きた直後は、太陽の光を意識的に取り入れるよう心掛けています。

42

すべてのチャレンジは、どんな結果が出てもポジティブである

人生、「まずはやってみる精神」が大事

ヨーロッパでの生活はチャレンジだらけです。そんな環境に身を置くと、**何事においてもチャレンジは新しいことを知るチャンスと捉えることができます。**また、どんな些細なことであってもチャレンジによって味わえる変化が楽しいと感じられるようになりました。仮にその結果がうまくいかなかったとしても、僕にとっては気持ちが良いことだったりします。

本当に小さな喜びかもしれませんが、ドイツ語を学び始めたばかりの頃はドイツ語で買い物ができただけでも大きく成長を遂げたと感じられたし、成功すればとても気分が良くなる。もし、うまくいかなかったとしても「あの言葉が通じなかったのはな

ぜだろう?」「今度は違う言葉を使ってみようかな」と別の可能性が生まれてきます。それは「ドイツ語が上達するまでは通訳の人に任せよう」と考えていたら起きなかった現実です。つまり、**チャレンジしたからこそ見えてきた景色が必ず存在する**ということなのです。

チャレンジについては考え方が重要だと思います。どんな結果になったとしても「無駄だった」「これは不要だった」と思わないこと。僕はできるだけその言葉を使わないように心掛けています。

たとえば、マッサージは試合の何日前にやるのが効果的なのかを、インターネットや本を読んで調べたとします。僕は試合2日前にマッサージをやってもらっていますが、専門家から「3日前にやるほうが効果的ですよ」と助言があれば一度試してみます。その結果、「やっぱり自分には合わなかった」と思ったら戻しますが、3日前にマッサージをやって効果が出なかったことを「無駄な時間だった」とは決して思いません。むしろ「3日前にやっても僕には効果が出なかったことがわかった」とプラスに捉えてみる練習を日頃から意識して実践しています。

食べ物についても、オリーブオイル、ココナッツオイル、くるみオイルのどれが自分に合っているんだろうと思ったら、まずはすべて試してみる。合えば、合ったものを次から使えばいいですし、合わなくても「試したこの時間は無駄だった」とは考えずに「自分にとっての合う・合わないという感覚がつかめてきたから、これは自分にとって必要な時間だった」と考えるわけです。

すべてのチャレンジは、どんな結果が出ても人生にとってポジティブだということです。まずはやってみる精神が意外と大切だったりします。結果が、自分にとって良いものであっても悪いものであっても構わない。なぜなら、チャレンジする前に知り得なかったことを体験できたことは、プラスにしかならないからです。

僕がいまチャレンジしていること

僕は、ここ1年ほどお湯を張ったバスタブには浸かっていません。ヨーロッパにはバスタブのないホテルが多く、お湯を張ったバスタブに浸かることを自分のルーティンにしていると、遠征先でバスタブがないときに自分のルーティンが崩れてしまうことが嫌だからです。

それに、バスタブのない環境のヨーロッパですが、優れたサッカー選手は多い。だったら、僕も浸からなくても大丈夫じゃないかと思い、いまチャレンジしている最中です。日本代表の試合で日本に帰国したときでもバスタブには浸かりません。マルセイユでは練習後、疲労を取るために交代浴をするので、サウナに入ったあとに水風呂には入ります。

ただし、ここだけの話ですが、シーズンオフに日本に帰り、温泉旅行に行ったときだけは、これでもかというぐらい温泉に入っています（笑）。

43

新しい学びは「未来の自分への投資」と考える

読書は新たな自分を見つける旅でもある

２０１８年の４月で僕は28歳になりました。10年後の38歳になっても、まだ現役を続けていたいという思いはあります。40歳を超えても現役で活躍するサッカー選手は多いですから、僕も大好きなサッカーができていれば幸せなことです。

しかし10年後、たとえ現役であったとしても、引退のことは間違いなく意識していると思います。ただ、28歳の現時点では、体力的にも下降線に入っているという感覚はありません。もしかすると「落ちてきたな」と感じたときに、初めて引退を意識するのではないかとも考えています。

引退の時期はまったく考えていませんが、引退後の人生については考えを巡らせるときがあります。引退後、あるいは引退間近になって、自分が何をして生きていくのか見つけられず「やばい、どうしよう」とあたふたしたくない。そのために、いまのうちから準備をしておくことは大切だと思っています。

本を読み、様々な知識を身につけておくことは、考え方によっては引退後の準備とも言えるかと思います。

海外移籍をしてから（特にマルセイユに来てから）は、いろいろなことに時間を使うようになったため、すっかり本を読む機会が減ってしまいましたが、基本的に読書は大好きです。いまでも時間があればできる限り読書に充てたいと思っています。

読書は、僕のなかでは格好いいというイメージがあります。

もしかすると、長谷部（誠）さん、タニくん（大谷秀和）という、日本代表と柏レイソルのキャプテンが2人とも読書家であり、その2人への強い憧れが影響しているのかもしれません。

また、2人がメディアに対して自分の言葉で考えを発信できる理由も、たくさんの本を読んでボキャブラリーが多いことが関係しているように思います。僕も2人を見習って、自分の言葉で、多くの人の心に響くメッセージを届けていけるよう精進します。

新しい知識を得ることは不安を打ち消してくれる

自分で言うのもあれですが、実は勉強が得意なほうでした。化学のテストで学年1位になった経験もあります。昔から学ぶことや知ることは嫌いではなく、柏レイソルアカデミーのジュニアユース時代に、試合に出られなくて「プロサッカー選手になれないかも……」と落ち込んでいたときも、わりと勉強はできたから「サッカーをやめたら一生懸命勉強すればいいや」という考えを持っていました。

恥ずかしいのでほとんど公言したことはないのですが、現役を引退したら大学や専門学校に通って、それまで自分が知らなかった分野を勉強するのも悪くないと思っています。いまでも時間があるときなどは興味のある経済学や経営学について独学しているところです。

いまはサッカー選手だけど、サッカーをやめたときに「何も知らないただの人」にならないようにしなければいけないと考えています。いざサッカーをやめるときになって、それまでの勉強が役に立てばセカンドキャリアへはスムーズに進めるだろうし、それは自分のためだけではなく家族のためにもなる。そんな僕の姿を見た娘は、きっと「お父さんすごい！」と喜んでくれると思います。

学ぶ、新たなことを知る、知識を得るという気持ちは常に持ち続けていたいです。サッカー選手をやめたあとのことを視野に入れても、これからも勉強をしていきたいと思います。

先のことは誰にもわかりません。しかし、未来は必ずやってきます。少し先のきたるべきときに備えて準備をしておく。それは不安を打ち消してくれることになりますし、未来の自分への〝貯金〟にもなるのだと思います。

44

「なぜ」の視点で物事を考える思考習慣

行動するモチベーションは「なぜ」から生まれる

マルセイユのフィジカルコーチが実践している選手へのアプローチ法は、非常に理に適《かな》っています。筋トレをやるにしても、漠然とメニューを課すのではなく、選手それぞれに異なるメニューを組み、その筋トレがその選手にとってなぜ必要なのかを詳細に説明していきます。

ポジションによって必要な筋肉は異なっていて、選手の体格やプレースタイルによっても、やるべき筋トレのメニューが変わってきます。だから僕とフロリアンとディミトリの筋トレはそれぞれ違う。

僕の場合は筋持久力の向上と体のバランスを整えることが目的なので、高負荷なメニューではないですが、その分、回数は多めに設定されています。

このようにして「なぜやるのか？」をきちんと説明することによって、筋トレ嫌いのフランス人選手たちも納得して、嫌々ながらも始める。**伝え方次第で選手の意識がこんなにも変わるのかと驚きました。**

「なぜ」の視点から物事を考えると、あらゆる行動におけるモチベーションを見出しやすくなります。つまり、**その行動にどのような意味があるかを自分が納得できれば、行動に移すのが容易になる**というわけです。

学生時代に理系だった僕は、特に化学が好きで数学では証明問題が得意でした。そのため、この「なぜ」の視点から物事を捉える思考の習慣が昔からあったように思います。そしてこの習慣は、サッカー選手になったいまでも非常に役に立っていると感じています。

自分を成長させる種の見つけ方

「なぜ」で考えるたとえ話として、僕が語学を習得するときの思考を紹介してみます。

「なぜ勉強するのか」→「チームメートとのコミュニケーションを円滑にするため」
「なぜ円滑にするのか」→「仲間として信頼されるため」
「なぜ信頼が必要なのか」→「プロのサッカー選手として活躍して結果を出すため」
「なぜ結果が必要なのか」→「世界最高峰のサイドバックになるため」

このように考えると、自分のなかにある目標がより明確になり、語学習得の勉強でくじけそうなときでも、モチベーションを維持することが可能となります。

また、この**「なぜ」の視点は、物事に取り組むモチベーションを明確にする以外に、物事を振り返るときにも役に立ちます。**

試合や練習が終わったあと、自分のプレーに納得がいかず「なぜうまくいかなかったのか」について考えることが非常に多いです。この「なぜ」の視点があれば「あのときのプレーが失点につながったな」と原因がわかるため、「次はこういうプレーをしてみよう」と自分の成長の種みたいなものにつなげることができます。

サッカーを通じてそう考える癖がついているのか、私生活の些細なことでも、うまくいかなかったときには「なぜ」と、その原因を探してしまいます。

「なぜ」は、意識することで、習慣化できます。

仕事からプライベートまで、あらゆる物事のモチベーションを喚起し、パフォーマンスを向上させてくれる思考習慣となるのです。

45

日本人としての誇りを胸に

海外に出たことで再認識できた日本の素晴らしさ

日本とフランスでは、いろいろな状況において違いがあります。

たとえば集合時間。日本代表では10分前集合が基本です。ミーティングが午前10時開始なら、9時50分にはみんなが部屋に集合しています。僕は時間には遅れませんが、日本代表では最後のほうギリギリで部屋に入ります。

日本代表の朝食は、全員揃わないと食べ始めることができないため、僕が最後に食事会場に現れると「早く来いよ」という視線を感じます（笑）。その点は、マイペースな性格が関係しているのかもしれません。

マルセイユでは真逆です。チームミーティングのスタートが午前10時であれば、5

分前に来るのはせいぜい1人か2人。僕がいつものように10時ギリギリに間に合うように来ても、全員が揃うのは10時30分。時間どおりに来ていた僕は「なんだかなぁ」と思ってしまいます。しかし、遅れたからといって罰金にはなりません。

マルセイユでは「集合」と「絶対集合」の2種類があります。クラブの社長やオーナーが出席してスピーチをする場合は「絶対集合」になるので、そのときは全選手が時間どおりに集合します。ですが「集合」の場合は、みんなが来るのは定刻の30分後で、しまいには来ない選手もいます。集合時に見かけなかったから、翌日に「昨日いた？」と聞くと「いや、俺は行くのをやめたんだ」と笑っている選手も多いのです。

フランスでは赤信号でも車が来ていなければ、信号無視して渡るのは当たり前になっています。ルールを破っているけど、信号無視をした人からすれば、車は来ていないから待つ必要はないという認識なんだと思います。

ドイツ人は比較的日本人に似ていて厳格な面はありましたが、それでも**日本人の礼儀正しさや勤勉さは世界的に見て群を抜いています。**ヨーロッパで生活しているからこそ、改めてそうした日本の良さを再認識できているのも事実です。

僕がメディア取材のときに通訳を介す理由

　ただ、日本の素晴らしさを再認識したからこそ、僕は自分の発言で日本が失礼な国だと思われないようにしようと気をつけています。

　ハノーファーでも、現在のマルセイユでも、メディアから「酒井は、なぜドイツ語（フランス語）でインタビューに応じないんだ?」と聞かれることがあります。

　実のところ、ハノーファー時代には、一時期ドイツ語でメディア対応をしていたときがありました。

　そのときに「僕はハノーファーのクラブとこの街が大好きです。また、1人のサッカー選手として1部リーグでプレーしたい気持ちもあります」と伝えたつもりが、「1部リーグでないなら、僕はここには残らない」と誤った伝わり方をして、それが記事にされたという苦い経験があります。

　僕のドイツ語では自分の意思が伝わらない恐れがあると考えて、それ以降の取材は必ず通訳を介して行うようにしました。

わざわざ通訳を介す理由は、僕1人だけが批判されるのであれば問題ないのですが、**僕の発言によって日本や日本人が誤解されかねない**ということがこの経験を通してわかったので、それだけは絶対に避けなければいけないと考えたからでした。

ヨーロッパに来て日本の素晴らしさを知ったからこそ、僕はヨーロッパで素晴らしい日本のイメージを崩さないようにしています。

46 自分のルーツである柏への恩返しが僕の原動力

もっとも幸せな選択

柏レイソルアカデミーの同期であるタケ（武富孝介《こうすけ》）が、2018年1月に柏レイソルから浦和レッズへ移籍しました。

タケは浦和市の出身だから、僕は彼の気持ちがよくわかります。

僕が子供の頃、何度も日立柏サッカー場（現：三協フロンテア柏スタジアム）へ通って柏レイソルの試合を見ていたように、タケも子供の頃から浦和レッズの試合を見ていました。

タケの柏レイソルへの愛情は人一倍強いものがありました。でも、子供の頃に受けた影響は強いため、彼は浦和レッズへの移籍を決断したように思います。

その気持ちは、きっと僕が「いつかは自分のルーツである柏に戻りたい」「大好きな柏レイソルでキャリアを終えたい」と考えている気持ちと同じだと思います。

柏は僕が育った街です。だから柏への愛着は非常に強い。

でも、まだあと数年は海外での挑戦を続けていくつもりでいます。僕を拾ってくれたマルセイユには本当に感謝していますし、このクラブと街には柏と同等の愛情と愛着を持っています。

この海外での挑戦を終えたら、いつの日か柏レイソルに帰って、僕がヨーロッパで培った経験を、柏レイソルのために還元したいと思っています。

ですが、移籍は相手があってのこと。片思いだけでは成立しません。

現時点で柏レイソルへ帰れる保証はありませんが、海外挑戦を終えたあとに戻れたとしたら、それは僕にとって完璧なキャリアを歩んでいる証拠で、**もっとも幸せな選択**だと思います。

いつの日か柏レイソルへ戻ろうと思ったときに、クラブに「酒井が必要だ」と言ってもらうためにも、僕はヨーロッパで良いプレーを続けていきます。

4
HITACHI

おわりに

最後まで読んでいただき、本当にありがとうございました。

当初、この本の話をいただいたときには、自分への自信のなさから「はたして僕なんかの経験を本にまとめていいのだろうか」という気持ちがありました。しかし、僕のように自分に自信を持てない人、あるいは日々ストレスや不安に悩まされている人、または新たな環境での生活が始まり少なからず戸惑いを感じている人、そういう人たちにとって少しでも参考になることがあるのではないかと思い、こうして本という形でまとめることにしました。

僕の考えがすべて正解だとは思っていませんし、本書でも何度か述べてきたように、大切なのは自分に合うか、合わないかの見極めなので、「これは自分に合いそうだ」「なんか気になる」と感じるものをチョイスして、試して、自分なりにアレンジして、少しでもお役に立てていただけたら、著者としてこれほど嬉しいことはありません。

正直言うと、僕はいまでもメンタルが強いとは思っていませんし、不安を抱えることだってあります。

この先のサッカー人生でもきっと多くの困難や壁が待ち受けていることでしょう。

誰でも失敗はしたくありません。

ましてや自分に自信がなかったり、不安を感じてしまえば、なおのこと失敗を恐れ、逃げ出したくなる気持ちもわかります。

ですが、人生において壁にぶつかるというのは非常に大事なことであるように僕は思います。

なぜなら人は、ぶつかって、「どうすればいいんだろう」と深く考えることで、初めてその問題を解決しようと重い腰を上げ「じゃあ、これを試してみよう」と新たなことに挑戦するからです。
しかも、その挑戦によって得た体験が人を飛躍的に成長させるのです。

あなたは失敗を恐れる必要はありません。
失敗とは転ぶことではなく、そのまま起き上がらないこと。
立ち上がった瞬間に失敗は成長の糧《かて》となります。

そのためには、時間の価値をきちんと知ることが重要になります。時間というものは限られています。だからこそ、他人の人生を生きるのではなく、「自分らしさ」を大事にして、もう少しだけ自分のことを信じてあげてほしいと思います。

もしも道に迷うことがあれば、一度立ち止まって、自分の心の声に耳を澄ましてみてください。そして、自分が「楽しくて」、「満足で」、「納得できる」ほうに小さな歩みでもいいので、はじめの一歩を進めてみてはいかがでしょうか。
僕もこの先の人生では、まだまだ多くのことを経験すると思います。

その経験を糧に、いつの日か胸を張って「僕はメンタルが強くなった」「自分に自信を持てた」と言えるようになるためにも、困難から逃げず、自分を信じて進んでいきたいと思います。

本書を出版するにあたり、柏レイソルアカデミー時代から面倒を見ていただいているフリージャーナリストの鈴木潤さんには多大なるアドバイスをいただきました。また、本書の編集を担当してくれた伊藤直樹さんをはじめとするＫＡＤＯＫＡＷＡの皆様、所属事務所の秋山祐輔さん、角野弘和さんをはじめとするＳＡＲＣＬＥの皆様、素敵な写真を撮ってくれた千葉格さんなど、本書の制作にかかわっていただいたすべての方々に心から感謝を申し上げます。

最後に、すべての読者の方々が、それぞれに「自分らしく」活躍していただけるよう願っています。

２０１８年４月

酒井宏樹

プロデュース　株式会社ＳＡＲＣＬＥ
装　丁　井上新八
写　真　千葉　格
編集協力　鈴木　潤
本文デザイン　荒木香樹
P217写真提供　株式会社 日立柏レイソル

酒井 宏樹（さかい ひろき）
1990年4月12日、長野県生まれ。千葉県柏市で育つ。柏レイソルU-15、U-18を経て2009年にトップチームへ昇格。2010年にJリーグデビュー。2011年にはチームの主力として活躍し、チームのJ1優勝とともに、ベストイレブン、ベストヤングプレーヤー賞を受賞。同年10月にはA代表に初選出される。日本での活躍が評価され2012年にドイツ・ブンデスリーガのハノーファー96へ完全移籍。主力として活躍した後、2016年6月にフランスの名門オリンピック・マルセイユへ完全移籍。マルセイユ移籍後も確固たる地位を築き、不動の右サイドバックとして活躍。日本代表でも欠かせない存在として、2018年ロシア・ワールドカップでの活躍が期待されている。

リセットする力《ちから》
「自然《しぜん》と心《こころ》が強《つよ》くなる」考《かんが》え方《かた》46

2018年5月25日　初版発行
2018年7月5日　3版発行

著者／酒井《さかい》 宏樹《ひろき》

発行者／川金 正法

発行／株式会社KADOKAWA
〒102-8177　東京都千代田区富士見2-13-3
電話　0570-002-301（ナビダイヤル）

印刷所／図書印刷株式会社

KADOKAWAカスタマーサポート
［電話］0570-002-301（土日祝日を除く11時〜17時）
［WEB］https://www.kadokawa.co.jp/（「お問い合わせ」へお進みください）
※製造不良品につきましては上記窓口にて承ります。
※記述・収録内容を超えるご質問にはお答えできない場合があります。
※サポートは日本国内に限らせていただきます。

定価はカバーに表示してあります。

ISBN 978-4-04-602296-7　C0030